TRAITÉ

DES

RÉQUISITIONS MILITAIRES

ÉTUDE SUR LA LOI DU 3 JUILLET 1877

PAR

EUGÈNE LEGRAND

Licencié en droit
Officier de l'armée territoriale attaché au service
de l'intendance militaire

SUIVI

D'UN COMMENTAIRE SUR LA LÉGISLATION

ET DES TEXTES COMPARÉS

DE LA LOI DU 3 JUILLET ET DU RÈGLEMENT DU 2 AOUT 1877

SUR LES RÉQUISITIONS MILITAIRES

PARIS

LIBRAIRIE DE FIRMIN-DIDOT ET Cⁱᵉ

56, RUE JACOB, 56

1879

TRAITÉ

DES

RÉQUISITIONS MILITAIRES

8° F
1047.

PARIS

TYPOGRAPHIE DE FIRMIN-DIDOT ET Cie

56, RUE JACOB, 56

TRAITÉ

DES

RÉQUISITIONS MILITAIRES

ÉTUDE SUR LA LOI DU 3 JUILLET 1877

PAR

EUGÈNE LEGRAND

Licencié en droit
Officier de l'armée territoriale attaché au service
de l'intendance militaire

SUIVIE

D'UN COMMENTAIRE SUR LA LÉGISLATION

ET DES TEXTES COMPARÉS

DE LA LOI DU 3 JUILLET ET DU RÈGLEMENT DU 2 AOUT 1877

SUR LES RÉQUISITIONS MILITAIRES

PARIS

LIBRAIRIE DE FIRMIN-DIDOT ET Cⁱᵉ

56, RUE JACOB, 56

1879

AVANT-PROPOS

Étudier méthodiquement les principes de
la loi du 3 juillet 1877, sur les réquisitions
militaires — coordonner les prescriptions lé-
gislatives avec les instructions du règlement
ministériel, — rechercher dans la pratique
l'utilité des dispositions adoptées, indiquer
leur mode d'emploi, — faciliter aux officiers
les recherches, — permettre aux maires de se
conformer à l'application des mesures prescrites, — tel est le but que nous nous sommes
efforcés d'atteindre dans notre travail, en
abordant l'examen d'une loi qui, répondant à
des besoins nouveaux, s'est imposée en raison
des masses énormes de troupes que la mobilisation de l'armée peut, à un moment donné,

mettre en mouvement sur une grande étendue du territoire.

Consacrant la première partie de notre
étude à l'explication des dispositions de la loi,
nous avons, dans la deuxième partie, retracé
l'historique de la législation en nous attachant
à indiquer les sources officielles qui permettront de se reporter tant aux discussions devant les Chambres qu'aux documents authentiques.

Enfin, dans une troisième partie, nous
avons reproduit les articles combinés de la loi
et du règlement ministériel, tenant à réunir
dans un même contexte tous les éléments qui
peuvent assurer l'exécution de la loi nouvelle.

Nous nous bornons à ce rapide exposé de la
méthode que nous avons cru devoir suivre et
nous abordons sans autre préambule la première partie avec l'espérance que nos efforts
répondront au double objet que nous nous
proposons :

1° Mettre entre les mains des officiers une

sorte de manuel qui contribue à leur faciliter l'application multiple de la loi.

2° Éclairer les maires sur les nouveaux devoirs qui leur incombent et les guider dans les détails d'exécution qui sont d'une si grande importance pour la sauvegarde des intérêts engagés.

TRAITÉ

DES

RÉQUISITIONS MILITAIRES

PREMIÈRE PARTIE

COMMENTAIRE DE LA LOI DU 3 JUILLET 1877

TITRE PREMIER

Conditions générales dans lesquelles s'exerce le droit de réquisition.

(Loi, art. 1 à 4. — Règlement, art. 1 à 10.)

I. **Mobilisation totale.** — La mobilisation totale de l'armée est ordonnée par un décret du chef de l'État, rendu en conseil des ministres. Ce décret emporte implicitement ouverture du droit de réquisition sur tout le territoire français sans qu'il soit besoin au ministre de déterminer spécialement les régions où devra s'exercer ce droit et la durée pendant laquelle l'autorité militaire pourra recourir à cette voie d'exception.

En conséquence, le droit de requérir s'ouvre

simultanément pour toute l'armée le jour fixé par le décret de mobilisation et prend fin le jour où l'armée est remise sur le pied de paix.

Ce droit s'exerce :

Premièrement, **directement et de plein droit**

1° par les généraux commandant des armées ;
2°　　　—　　　　　—　　　des corps d'armée ;
3°　　　—　　　　　—　　　des divisions, opérant isolément ;
4° par les généraux commandant des troupes, ayant une mission spéciale.

Deuxièmement, **par délégation** :

1° Aux fonctionnaires de l'intendance ;
2° Aux officiers commandant des détachements envoyés en mission spéciale.

Troisièmement, par **sous-délégation** des fonctionnaires ou officiers compris dans le paragraphe précédent :

Aux officiers
Aux fonctionnaires } sous leurs ordres,

pouvant être éventuellement, par suite de reconnaisances, marches isolées ou autres faits de guerre, appelés à exercer des réquisitions.

Nous venons de voir par qui s'exerce le droit de réquisition, recherchons maintenant quels moyens peuvent en assurer l'exercice.

Les ordres de réquisition doivent être établis :

1° En principe, toujours sur des carnets spéciaux et à souches;

2° Par exception et dans des circonstances déterminées, sur des feuilles isolées formant double expédition de façon à ce que l'un des doubles tienne lieu de souche. (Voir page 5.)

Les feuillets prescrits par le règlement seront détachés d'un carnet à souche remis par l'autorité militaire, chargée de le fournir.

Ces carnets sont de même sorte :

1° Ils sont destinés aux chefs de corps opérant de plein droit et exerçant directement les réquisitions;

2° Peuvent être revêtus de la délégation des chefs de corps aux fonctionnaires de l'intendance et aux officiers envoyés en mission spéciale ;

3° Ou bien encore remis à ces derniers et revêtus de leur sous-délégation aux officiers ou chefs de service sous leurs ordres.

L'ordre de réquisition, ainsi établi, est détaché du carnet à souches et remis au maire de la commune intéressée ou à son représentant et le double reste inscrit sur la souche adhérente au carnet et correspondante au feuillet détaché. La mission accomplie ou le carnet épuisé, les souches restées aux mains des officiers, parties requérantes, sont envoyées à la commission instituée pour le règlement des indemnités, afin de lui permettre de composer ses éléments d'appréciation par le rapprochement de l'ordre de réquisition avec le carnet dont ledit ordre est détaché.

Comme contrôle, du reste, et afin de constater l'exécution, les officiers chargés de la réception des prestations seront porteurs également d'un carnet à souche dit carnet de réception, duquel ils détacheront le reçu des prestations fournies, et comme dans le cas précédent, ils auront le soin de faire parvenir les souches à la commission de règlement des indemnités, afin de compléter les moyens d'informations.

Il nous semble utile de faire observer, c'est un simple avis que nous émettons, que les carnets ne devront pas être volumineux. Il y a là une question matérielle qu'il est bon de préciser pour rendre à la commission de règlement la tâche plus prompte et plus facile, en ne laissant pas trop longtemps les souches aux mains du requérant, ce qui entraverait la marche rapide des travaux de la commission. L'industrie nous fournit un modèle dans les carnets de chèques d'un usage si répandu que nous n'insistons pas plus longtemps sur la forme à donner à ces carnets spéciaux soit pour l'achat, soit pour la réception, forme qu'il sera toujours préférable de choisir pour la facilité des opérations, parmi des modèles se rapprochant de ceux en usage dans le commerce qui sont connus de presque tout le monde. (Modèles E^{bis} et I.)

Toutefois il y a une exception prévue par l'article 8 de la loi, pour le cas où un commandant de corps ou chef de détachement opérant isolément et non muni d'un carnet à souches, se verra dans l'obligation de pourvoir aux besoins journaliers des hommes placés sous ses ordres et des chevaux confiés à sa garde.

Cette faculté n'est accordée que pour le temps de guerre, et la garantie résulte de la responsabilité personnelle de l'officier requérant. Il doit, à défaut de carnet, établir ses ordres en double expédition dont l'une restera aux mains du maire et l'autre sera envoyée hiérarchiquement et sans délai, au général commandant le corps d'armée dont il relève.

Pour en terminer avec les conditions générales, en temps de guerre, énumérées et traitées dans le titre premier, il faut nous occuper du mode employé pour fournir aux commissions d'indemnités les éléments de contrôle qui leur sont indispensables, afin d'asseoir les bases de leurs évaluations.

La loi, en effet, par une équitable disposition formulée en son article 2, veut que toutes les prestations donnent droit à des indemnités représentatives de leur valeur, sauf dans le cas de l'article 15 relatif au logement et au cantonnement des troupes dans certains cas déterminés, mais c'est là une exception que nous examinerons dans le titre spécial au logement et au cantonnement.

Toute prestation fournie sur réquisition, doit

donc, pour satisfaire au vœu de la loi, être constatée par des écrits : *ordres* et *reçus*.

Les ordres de réquisition et les reçus des prestations, délivrés sur des feuillets détachés ou non des carnets, sont formulés par écrit en chiffres ou en toutes lettres de préférence et signés, mais ils ne font mention aucunement de prix, ils énoncent simplement :

L'espèce
Les quantités } des denrées requises ;

Le nombre des objets réquisitionnés ;

L'estimation de ces objets dans certains cas déterminés ;

La nature
La durée } des services demandés ;   .

Ils porteront également l'indication :

De la date { de la réquisition,
de la livraison des matières ou de la réception des ouvrages;

De l'heure { dans certains cas, pour les travaux notamment.

Il peut y avoir plusieurs reçus pour le même ordre.

II. Mobilisation partielle ou rassemblement de troupes.

La mobilisation partielle est ordonnée par un simple arrêté de **M.** le ministre de la guerre, et nous nous trouvons dans un cadre plus restreint que le précédent, puisqu'il s'applique le plus généralement aux grandes manœuvres annuelles qui, bien que simulacres des opérations de guerre, s'exécutent en temps de paix.

Aussi nous bornerons-nous à signaler les différences, en renvoyant à l'étude précédente sur le temps de guerre pour l'application des dispositions principales qui restent absolument les mêmes.

Première différence. — Les réquisitions ne s'exercent plus de plein droit; elles ne s'étendent plus qu'à certains départements denommés et sont limitées dans leur durée par l'arrêté du ministre de la guerre qui détermine spécialement les portions de territoire, l'époque à laquelle pourra commencer et celle à laquelle pourra finir l'exercice du droit de réquisition.

L'arrêté ministériel est publié à l'avance par les soins des préfets dans les communes de leur département faisant partie des régions désignées par les instructions du ministre.

Premier point entraînant restriction dans l'exercice du droit qui n'a plus lieu simultanément dans toute la France.

Deuxième différence. — Les mêmes officiers que nous avons cités plus haut dans leur ordre hiérarchique, ont seuls qualité pour ordonner des réquisitions, mais seulement, et c'est là que nous rencontrons la différence, le fonctionnement du droit de requérir ne peut se faire qu'avec des ordres et des reçus détachés des carnets. Des feuilles en double expédition signées d'officiers non porteurs de carnets de réquisition ne seraient pas acceptées, le cas prévu par l'article 8 ne devant pas se présenter dans une grande manœuvre où les mouvements doivent être combinés d'avance et les approvisionnements réglés en conséquence, de façon à n'avoir recours aux réquisitions qu'à titre d'exercice pour les troupes et d'exemple pour les habitants en vue d'habituer les uns et les autres aux rapports incessants que ferait naître l'état de guerre.

Deuxième point. — Restriction absolue du droit de requérir à ceux des officiers ayant qualité pour ce faire et munis des carnets prescrits.

Dans le cas tout exceptionnel d'un rassemblement de troupes provenant de faits de force majeure, nous nous trouvons en face de mesures d'exception laissées à l'initiative des commandants de corps de troupes qui, sous leur responsabilité personnelle, devront agir immédiatement sauf à rendre compte au ministre par la voie hiérarchique.

La loi se prononce en assimilant ces cas à la mobilisation partielle ; aussi n'avons-nous qu'à appliquer les dispositions prises en matière de grandes manœuvres et à faire ressortir l'usage que doivent faire les officiers des carnets prescrits, autant toutefois que les circonstances le permettront, la constatation en matière de réquisitions étant la garantie la plus sûre de l'exercice du droit.

Quant au temps pendant lequel les officiers

pourront requérir, le ministre devra le fixer bien que la durée du danger qu'il s'agit de combattre soit inconnue et que dans la plupart des circonstances l'utilité des réquisitions ne se fera sentir que dans le premier moment, car ce sera aux autorités militaires à pourvoir de suite aux divers besoins des troupes, rassemblées sur un point qui ne pourra être déterminé que par l'étendue présumée du sinistre ou circonscrit dans les lieux envahis par l'insurrection. La durée établie par l'arrêté est-elle insuffisante, un nouvel arrêté fixera un nouveau délai.

De toutes les prestations, celle qui, dans le cas spécial qui nous occupe, sera le plus généralement en usage pour une durée prolongée sera celle du logement et du cantonnement. Les autres prestations, comme nous le disions plus haut, ne devront être requises que pendant un très-court espace de temps.

TITRE II

Des prestations à fournir par voie de réquisition.

(Loi, art. 5 à 7. — Règlement, art. 11 à 22.)

I. **Mobilisation totale.** — Sont exigibles par voie de réquisition :

La mise à la disposition des troupes de logements et d'emplacements pouvant servir d'abris, la fourniture de tous objets ou denrées nécessaires à l'armée, la prestation de tous services personnels nécessités par l'intérêt militaire. (Page 25.)

1° Le logement et le cantonnement pour les hommes et chevaux et pour tout le matériel à la suite.

Nous nous bornerons à mentionner ici pour ordre cette importante nature de prestations qui trouvera sous le titre III l'exposé de toutes les dispositions qui en règlent l'application.

2° La nourriture journalière des officiers et soldats logés chez l'habitant.

Rarement et presque exceptionnellement mise en pratique, cette sorte de prestation ne peut donner lieu dans l'application à des difficultés.

Les officiers devront veiller à ce que leurs hommes ne se montrent pas exigeants et la loi prend la précaution d'ajouter que la nourriture devra être celle en usage dans le pays, condition à laquelle devront rigoureusement se conformer les troupes appelées à en bénéficier dans des circonstances tout à fait exceptionnelles, comme par exemple après des marches forcées qui amèneront les troupes tardivement dans une localité, lorsque les soldats fatigués ne pourront eux-mêmes avoir le temps de faire la soupe et de préparer leurs aliments.

Le droit à indemnité ouvert à l'habitant par

l'article 2 de la loi trouvera ici son application et l'officier requérant devra, en partant, laisser entre les mains du maire un reçu mentionnant le nombre de demi-journées de nourriture afin de permettre à la commission des réquisitions la constatation de l'indemnité, calculée par demi-journée et par homme nourri. (Voir carnet modèle E[bis].)

3° Les vivres et le chauffage pour l'armée ; les fourrages pour les chevaux, mulets et bestiaux ; la paille de couchage pour les troupes campées ou cantonnées ;

Dans ce paragraphe, il ne s'agit plus d'une réquisition individuelle chez l'habitant, mais d'une réquisition portant sur une quantité déterminée ; aussi l'officier requérant doit-il mentionner sur l'ordre de réquisition la quantité de rations requises et la quotité de la ration règlementaire.

4° Les moyens d'attelage et de transport de toute nature y compris le personnel.

Par exception au procédé ordinaire en matière de réquisition, nous trouvons ici une estimation de prix au moment de la livraison par dérogation au principe général de la loi :

Les chevaux, voitures ou harnais requis pour une durée dépassant cinq jours sont estimés contradictoirement par l'officier requérant et par le maire

La raison de cette exception vient de l'appropriation que l'autorité militaire fait à son service des chevaux ou voitures qu'elle requiert dès que le service prévu doit dépasser cinq jours; il est important de fixer alors contradictoirement la base de l'indemnité.

Au contraire, l'autorité militaire ne fait-elle en quelque sorte qu'un emprunt? Les droits des habitants requis sont sauvegardés comme nous allons le voir.

Les chevaux, voitures ou harnais sont-ils requis pour un déplacement dont la durée n'excèdera pas cinq jours, y compris le retour au lieu de la prise de possession, l'officier requérant se borne à laisser au maire un état des chevaux ou véhicules réquisitionnés.

En cas de perte ou d'avaries, constatation en est faite par un certificat que le chef du détachement ou du convoi laisse entre les mains du conducteur, et si le chef du détachement ou du convoi par suite d'une circonstance particulière ou d'un fait de guerre, se refuse à délivrer le certificat demandé ou ne peut l'établir, le conducteur devra faire constater par le juge de paix ou à son défaut par le maire de la commune où s'est produit le dommage, les causes de la perte ou de l'avarie et la valeur, si la valeur n'a déjà fait l'objet comme il est dit précédemment, d'une estimation contradictoire.

Nous pensons même que, dans le cas de dissentiment entre le maire et l'officier requérant sur l'estimation de la valeur avant la prise de possession, il sera du devoir de l'officier de dresser un procès-verbal sommaire des deux avis motivés. Il faut que, tout en sauvegardant les droits très légitimes des particuliers, la réquisition qui comporte en elle-même un caractère d'urgence, ne soit pas entravée par des atermoiements nuisibles à l'intérêt général de l'armée. Il appartiendra ensuite à la Commission départementale à laquelle parviendra le procès-verbal, de se prononcer, et nous étudierons à ce point de vue son rôle dans le titre V qui lui est consacré.

Il n'en est pas de même lors de la perte ou de l'avarie, il n'y a dans ce cas aucun débat possible, la pièce à délivrer par le chef du détachement ou du convoi, est une constatation dans laquelle il émet son avis en joignant à la relation des faits une appréciation des causes du dommage et, si l'estimation n'a pas eu lieu, une évaluation de l'objet ou des dégradations ; mais remarquons-le bien, ce n'est qu'à titre d'avis et pour servir de renseignements qu'il fournit la pièce demandée, sauf ensuite à la Commission à apprécier.

La cause du refus de certificat peut provenir d'un fait de guerre qui ne laisse pas le temps de l'établir ou d'une circonstance particulière dont le chef de détachement aura à justifier et à rendre compte à ses supérieurs hiérarchiques ; mais le conducteur, lui, aura tout le temps voulu pour s'adresser aux autorités locales afin de faire dresser un constat de son dire et de l'état de perte ou d'avarie des objets confiés à sa garde.

Ce constat servira d'élément à la fixation de l'indemnité pour la Commission départementale qui, seule, rappelons-le, a qualité pour estimer le prix des objets requisitionnés et régler les offres à faire par l'administration de la guerre aux particuliers ou du moins devra donner son avis.

5° *Les bateaux et embarcations qui se trouvent sur les fleuves, rivières, lacs et canaux.*

Nous renvoyons aux observations faites sur le paragraphe précédent; elle s'appliquent à cette catégorie de prestations par une analogie qu'il suffit d'indiquer pour démontrer l'application identique des mêmes règles à ces deux catégories semblables que la loi ne divise que pour donner plus de clarté à l'énumération qu'elle en fait.

6° *Les moulins et les fours.* Nous avons à établir ici encore une distinction.

Le moulin est-il requis pour servir à la mouture, dans une certaine proportion affectée à la consommation immédiate des troupes, ou bien est-il attribué temporairement à l'autorité militaire qui en prend possession et en règle la marche, s'en réservant l'emploi pour l'usage exclusif de l'armée?

Dans la première hypothèse, la constatation de la mouture par les quantités livrées servira de base à l'indemnité. Il n'y a là qu'un louage d'industrie.

Dans la seconde hypothèse, il en est différemment. Avant la prise de possession, il est procédé à une constatation sommaire faite contradictoirement par l'officier requérant et le maire de la commune dans laquelle se trouve situé le moulin. C'est une sorte d'inventaire pour les machines et les outils, en même temps qu'une description sommaire des lieux et des bâtiments dont l'armée prend charge en entrant en possession.

Lorsque l'occupation militaire viendra à cesser, nous estimons qu'un nouveau procès-verbal de constat devra être dressé dans les mêmes conditions pour que la comparaison de ces deux procès-verbaux puisse servir de base à une équitable répartition de l'indemnité par la Commission chargée de se prononcer.

7° Les matériaux, outils, machines et appareils nécessaires pour la construction ou la réparation des voies de communication et en général pour l'exécution de tous les travaux militaires.

Le règlement est très précis à cet égard, il détermine le mode à suivre dans le cas où les objets requis devront rester plus de huit jours en

la possession de l'armée : « Il est procédé, avant
« l'enlèvement desdits objets à une estimation
« faite contradictoirement par l'officier requérant
« et le maire de la commune. S'il est, plus tard,
« restitué tout ou partie desdits objets, procès-
« verbal est dressé de cette restitution, ainsi que
« des détériorations subies, et mention en est
« faite sur le reçu primitivement délivré, auquel
« le procès-verbal est annexé. »

L'usage desdits objets ne devra-t-il pas dépasser
les huit jours, une estimation n'est plus prescrite;
l'énumération des objets requis est simplement
consignée sur le reçu, et en cela, les dispositions
du règlement ont pour but évident d'empêcher des
pertes de temps considérables et de faciliter aux
officiers l'exécution de travaux, terrassements
ou réparations d'équipements qui, dans la plupart des cas, ne nécessiteront pas un emploi des
outils requis pour plus de huit journées de main-
d'œuvre.

A notre avis, pour ces sortes d'objets dont les
prix sont courants, la nécessité d'une estimation
est bien plutôt dans la constatation de l'état d'usure
des objets que dans la valeur réelle et connue du
prix de fabrique de l'objet neuf. Il n'y a donc que
dans le cas où l'autorité militaire s'approprie les
choses que cette constatation devient utile, puisque
pour diminuer ses charges, elle conserve la faculté
de les restituer après en avoir fait usage. C'est

assurément là le motif de la distinction établie par l'article 17 du règlement.

8° *Les guides, les messagers, les conducteurs ainsi que les ouvriers pour tous les travaux que les différents services de l'armée ont à exécuter.* Pour déterminer les prestations toutes particulières dont il est question ici, nous ne saurions mieux faire que de reproduire le règlement qui les définit très nettement dans ses articles 19 et 20 que voici :

« Les chefs de détachement qui requièrent des
« guides ou conducteurs pour accompagner les
« troupes doivent pourvoir à leur nourriture,
« ainsi qu'à celle des chevaux comme s'ils faisaient
« partie de leur détachement pendant toute la
« durée de la réquisition. »

« Les guides, les messagers, les conducteurs et
« les ouvriers qui sont l'objet de réquisitions, re-
« çoivent, à l'expiration de leur mission un cer-
« tificat qui en constate l'exécution et qui est
« délivré :

« Pour les guides, par les commandants de
« détachement ;

« Pour les messagers, par les destinataires ;

« Pour les conducteurs, par les chefs de convois ;

« Pour les ouvriers, par les chefs de service
« compétents. »

Nous n'avons rien à ajouter à ces explications si complètes et si précises.

9° *Le traitement des malades ou blessés chez l'habitant.* Nous nous retrouvons ici en présence du maire dont l'intervention en cette matière prend la plus grande importance. Il faut même son concours absolu, car c'est à lui qu'appartient le soin de fournir, en les désignant, les locaux à affecter au traitement des malades ou blessés.

Les obligations du maire sont de deux sortes :

S'agit-il de malades et de blessés ordinaires, le maire doit s'appliquer à choisir un local spécial dans les meilleures conditions possibles de salubrité et d'hygiène.

A défaut de local suffisant, il doit répartir les malades et les blessés chez les habitants en se préoccupant cette fois du bien-être des malades et de l'égalité de la charge à faire peser sur chacun de ses administrés.

S'agit-il, au contraire, de maladies contagieuses ou de blessures pouvant répandre la contagion, le maire doit trouver un local séparé des autres habitations, une ferme de préférence ou tout autre bâtiment isolé.

Si même, il n'a pas à sa disposition le local voulu, il peut désigner tel ou tel immeuble qui lui paraît dans les conditions désirables à l'autorité militaire qui réquiert le bâtiment et y installe ses malades et ses blessés atteints de contagion afin de sauvegarder les habitants de la localité dans la mesure du possible.

Il peut arriver aussi que les chirurgiens de l'armée ne puissent suffire au traitement des malades et des blessés et qu'il y ait lieu de recourir aux médecins civils. Dans ce cas leurs soins peuvent être requis et leurs visites donnent lieu à une indemnité spéciale qui sera fixée par la Commission d'évaluation sur le vu de la note qui en sera fournie par le médecin, certifiée par l'habitant chez lequel le malade aura été soigné ou par le malade lui-même s'il lui est possible. De plus cette note sera revêtue du visa du maire de la commune.

Le médecin civil requis devra donc ne pas perdre de vue, pour pouvoir être indemnisé, la nécessité de cette double formalité qui est la garantie de l'Etat : l'attestation de l'habitant ou du malade et le visa du maire.

En commençant l'explication de cette nature de prestation, nous faisions ressortir toute l'importance du rôle de maire qui a le soin et le devoir de veiller au traitement des malades et des blessés; en terminant ce qui touche ce point, faisons observer que la réquisition n'est exercée *directement sur l'habitant* que par exception, en cas d'urgence, sur des points tout à fait isolés, éloignés du centre de la commune et hors le cas de contagion, où la réquisition prend le caractère que nous avons signalé plus haut, et est soumise aux formes spéciales et déterminées que nous avons étudiées.

En dehors de cette extrême urgence que commandent des faits de guerre, c'est en quelque sorte le maire qui est requis, dans l'espèce, d'avoir à prendre charge de l'installation des blessés ou malades et souci des soins à leur faire donner si les chirurgiens militaires ne se trouvent ou ne peuvent demeurer en nombre suffisant.

10° *Les objets d'habillement, d'équipement, de campement, de harnachement, d'armement et de couchage, les médicaments et moyens de pansement.* Sous ce numéro, sont groupés tous objets qui se rattachent à l'exercice des prestations que nous venons d'expliquer.

Le simple énoncé de ces objets par catégories suffit pour indiquer les natures de prestations auxquelles elles se rattachent et dont ils sont l'accessoire ou forment le complément.

11° *Tous les autres objets et services dont la fourniture est nécessitée par l'intérêt militaire.* Ce paragraphe a pour but, à notre sens, avec une sage prévoyance de fournir la possibilité de requérir sans restriction tout objet ou service non compris dans la nomenclature que nous venons de parcourir et de ne laisser en souffrance, par suite de cette généralisation, aucun des intérêts de l'armée.

A l'énumération que nous venons de faire des denrées, objets ou services requis, nous avons à ajouter deux exceptions ou, ce qui nous semble plus exact, deux observations.

Lorsqu'il s'agit de faire usage d'établissements industriels pour la fourniture de produits autres que ceux qui résultent de leur fabrication normale et accoutumée, le mode de procéder n'est plus le même : l'ordre de réquisition ne peut être donné que par le ministre de la guerre, par un commandant d'armée ou par un commandant de corps d'armée.

En effet, la loi a sagement prévenu par cette disposition les dommages et le trouble qu'éprouverait l'industrie si les fabriques pouvaient être affectées sur un simple ordre émané d'un officier quelconque, à une utilisation toute différente de celle de leur travail habituel. Le changement de dispositions dans l'outillage peut amener des désordres qui désorganiseraient les rouages de l'industrie première et causeraient les plus sérieux dommages.

La deuxième observation porte sur la formation par réquisitions des approvisionnements nécessaires à l'alimentation des habitants d'une place de guerre, mais c'est seulement en cas d'urgence et pour les besoins de la défense de la place que la voie exceptionnelle de la réquisition est ouverte.

Deux autorités ont seules qualité pour ordonner ces réquisitions qui ne sont autorisées que par une extension très large mais tout exceptionnelle de la loi. Ces autorités sont :

1° Le ministre de la guerre en prévison des

opérations militaires dont la place peut devenir la base ou l'un des points d'appui;

2° Le gouverneur de la place chargé de sa défense, soit par prévision d'un investissement pour assurer la subsistance des habitants au même titre que celle des troupes à l'intérieur, soit par mesure de prudence pour ne pas laisser aux mains de l'ennemi des approvisionnements qui pourraient nuire à la défense de la place en créant à sa portée des ressources tout amassées.

Mobilisation partielle ou rassemblement de troupes.

En temps de paix, le nombre des prestations qui peuvent être l'objet d'une réquisition se restreint et le droit de requérir ne s'étend plus qu'au logement et au cantonnement, aux vivres et aux transports. La loi, en allant au delà, eût dépassé le but qui n'est, pendant la période d'instruction des grandes manœuvres, qu'une sorte d'apprentissage destiné à habituer les troupes et les habitants à la pratique des mesures édictées pour le temps de guerre.

Pour les transports mêmes, la loi en limite la durée à un maximum de vingt-quatre heures pour chaque fois qu'il y a lieu d'y recourir, ce qui indique plus nettement la pensée qui a guidé le législateur de ne pas entraver ni gêner les populations dans leurs travaux habituels.

Aussi nous n'avons qu'à nous reporter pour les grandes manœuvres aux explications données plus haut sur les cinq premiers paragraphes, sous le bénéfice de la restriction apportée à la durée des prestations (transports) qui font l'objet du paragraphe 4.

Ces restrictions nous amènent à poser en principe que pendant les grandes manœuvres, chaque fois qu'il y aura lieu de requérir des attelages ou des voitures, des bateaux ou des embarcations, y compris ou non compris le personnel, l'emploi ne pourra en être fait pour une durée dépassant vingt-quatre heures, ce qui, suivant nous, revient à dire dans la pratique que ces moyens de transport ne seront mis à la disposition du corps manœuvrant que pour une journée et devront être revenus ou ramenés au point de départ, pour le lendemain, de façon à ce que le service de l'habitant qui les a fournis, ne soit pas entravé ni gêné, sauf pendant la durée des opérations à être de nouveau réquisitionnés, si besoin en est, pour un temps ne dépassant pas plus que la première fois une journée; mais le cas, nous le pensons, se produira rarement dans la période d'exercice où l'on devra recourir plusieurs fois aux mêmes expédients.

Le principe dominant est d'ailleurs, il ne faut pas l'oublier, un simple simulacre pour habituer les troupes et les habitants aux rapports communs que les circonstances de guerre pourraient amener.

En dehors des grandes manœuvres les évènements imprévus qui donnent lieu à des rassemblements de troupes feront, dans la circonstance, loi en la matière.

Les prestations porteront dans la plupart des cas sur le logement, le cantonnement et la nourriture et encore pour les premiers moments, afin de donner le temps à l'administration militaire de faire parvenir sur les lieux de concentration tout ce qui sera nécessaire à la subsistance des troupes, sauf pour le logement et le cantonnement dont nous allons nous occuper et qui seront d'une durée plus longue.

Quant aux moyens de transports, il n'y a pas de règles à établir, l'appréciation n'en pouvant être prévue à l'avance; mais les habitants dans la plupart des cas les mettront d'eux-mêmes, dans leur propre intérêt et de leur propre mouvement, à la disposition des commandants.

Toutefois, il nous faut appliquer comme aux grandes manœuvres les restrictions et n'y comprendre que les cinq premières catégories de prestations, car le cas de guerre seul, ou mobilisation totale, autorise la réquisition des six autres prestations énumérées plus haut pages 17 à 20.

TITRE III

Du Logement et du Cantonnement.

(Loi, art. 8 à 18. — Règlement, art. 23 à 33.)

Dans ce titre nous aurons à définir tout d'abord les deux opérations dont nous aurons à nous occuper et nous ne pouvons mieux faire que de reproduire le texte même des articles de la loi ;

Le logement des troupes en station ou en marche chez l'habitant, est l'installation, faute de casernement spécial, des hommes, des animaux et du matériel dans les parties des maisons, écuries, remises ou abris des particuliers, reconnues, à la suite d'un recensement, comme pouvant être affectés à cet usage, et fixés en proportion des ressources de chaque particulier ; les conditions d'installation afférentes aux militaires de chaque grade, aux animaux et au matériel, étant, d'ailleurs, déterminées par les règlements en vigueur.

Le cantonnement des troupes, en station ou en marche, est l'installation des hommes, des animaux et du matériel dans les maisons, établissements, écuries, bâtiments ou abris de toute nature appartenant soit aux particuliers, soit aux communes ou aux départements, soit à l'État, sans qu'il soit tenu compte des conditions d'installation attribuées en ce qui concerne le logement défini ci-dessus, aux militaires de chaque grade, aux animaux et au matériel ; mais en utilisant, dans la mesure du nécessaire, la contenance des locaux, sous la réserve toutefois que les propriétaires ou détenteurs conservent toujours le logement qui leur est indispensable.

Avant d'entrer dans l'explication de ce titre, nous ferons une observation générale qui portera sur la distinction entre le temps de paix et le temps de guerre, que nous ne maintiendrons pas comme nous l'avons fait dans l'explication des titres précédents. L'exécution de cette nature de prestations se présente fréquemment dans les deux hypothèses ; elle est régie par des prescriptions analogues et ne donne lieu qu'à des différences que nous signalerons dans le cours des explications, sans faire une division spéciale pour la mobilisation générale et pour la mobilisation partielle.

1° *Du Logement*. — Dans les villes de garnison ou places de guerre, le logement est une charge que la municipalité supporte :

Soit en affectant aux troupes les bâtiments ou les maisons qu'elle a loués pour cet objet ;

Soit en répartissant les officiers, les hommes de troupes et les équipages chez l'habitant.

La municipalité a-t-elle loué des locaux spéciaux : il lui faut les faire accepter par l'autorité militaire et avoir soin de ne pas les prendre parmi les locaux réquisitionnés par l'autorité militaire et affectés à un service quelconque de l'armée.

Au contraire, a-t-elle opéré par voie de répartition chez l'habitant? La municipalité doit tenir compte :

1° Du rang et du grade des officiers pour leur donner un logis convenable;

2° Du nombre des sous-officiers, afin de réserver un lit par sous-officier;

3° Du nombre des soldats, afin de faire délivrer un lit ou au moins un matelas et une couverture par deux soldats.

Dans les villes qui ne sont pas villes de garnison, dans les villages ou hameaux il ne peut être question que de la répartition chez l'habitant et les soins du maire doivent se porter tout d'abord sur la composition des détachements, en officiers, sous-officiers et soldats, afin de leur assurer le logement prescrit par le règlement dont nous venons de rappeler les exigences.

2° *Du Cantonnement.*— S'agit-il au contraire du cantonnement, il n'en est plus de même comme l'explique très nettement M. le baron Reille, dont le rapport est un excellent commentaire de la loi.

Le cantonnement est une opération transitoire, dit le rapport; il a pour but de maintenir un nombre considérable de troupes réunies sur un point donné, à portée de leurs chefs, prêtes soit pour la mobilisation, soit pour une opération de guerre. On ne s'inquiète donc dans ce cas, que d'abriter le mieux possible, hommes et chevaux et d'utiliser les locaux quels qu'ils soient, de manière à placer sur un point déterminé le nombre de soldats et d'animaux nécessaire. Tel hangar, telle grange, qui ne présenteraient pas, pour le logement, des conditions suffisantes de bien-être, peuvent être parfaitement appropriés à un cantonnement.

Toutefois, ajoutons, pour compléter ces explications si précises, que le cantonnement doit laisser aux habitants le logement qui leur est indispensable.

Examinons maintenant quelles personnes sont tenues de cette charge :

En principe, toute personne sans distinction de rang ou de qualité, les officiers mêmes de la garnison pour leurs habitations de ville et pour l'excédant de leur logement dans les bâtiments militaires.

Par exception, sont dispensés de loger effectivement des troupes dans leur domicile :

1° Les détenteurs de deniers publics ;

2° Les veuves et les filles vivant seules ;

3° Les communautés religieuses de femmes.

Mais cette faculté de ne point loger en leur domicile ne dispense pas ces personnes ou ces communautés de fournir un logement chez d'autres habitants avec lesquels ces privilégiés prendront des arrangements à cet effet, ou d'y laisser pourvoir à leurs frais par la municipalité.

Les absents en temps ordinaire jouissent également d'une immunité. Leur domicile ne sera pas ouvert par l'autorité militaire et la municipalité pourvoira à leurs frais au logement des militaires qui sont désignés par la répartition.

En cas de guerre, il faudra, à notre avis, faire une distinction entre le logement et le cantonnement : dans le premier cas, le domicile de l'absent ne sera pas envahi, dans le second, au contraire, le maire devra, tout en entourant l'occupation du domicile de toutes les précautions désirables pour garantir de l'abus de jouissance, faire ouvrir les portes et y abriter les troupes.

Ces précautions consisteront dans l'ouverture des lieux en présence de témoins et autant que cela sera possible dans la conservation des objets mobiliers inutiles ou superflus à l'occupation militaire en les faisant porter dans un local fermé.

La seule différence entre le pied de paix et le pied de guerre réside dans l'envahissement du domicile des absents que la guerre seule autorise et que la mobilisation partielle ne justifierait pas.

L'initiative privée n'a, d'ailleurs, jamais fait défaut dans les populations et les règles adoptées sont plutôt, en matière de logement et de cantonnement, des nécessités d'ordre destinées à régulariser l'exercice de la réquisition en permettant de surveiller les hommes et d'éviter une confusion

2.

qui serait très préjudiciable aux prises d'armes et aux opérations de guerre qui, dans le système actuel, mettent en mouvement des masses bien plus considérables que par le passé.

La prestation qui a pour objet le logement a pour conséquence le droit au feu et à la chandelle. Nous ne mentionnons cet usage que pour mémoire, car il est tellement invétéré dans les habitudes de nos populations qu'il faudrait le plus souvent arrêter l'élan hospitalier des habitants que le provoquer.

Toutes les dispositions que nous venons d'étudier relatives à l'exercice de cette nature de prestations, sauf à l'égard des absents, se retrouvent les mêmes dans les trois divisions que nous avons adoptées dans les chapitres précédents, ce qui nous amène à signaler cette similitude d'applications sans avoir à répéter chacune des divisions.

Aussi le règlement prévoit-il sagement l'étude par avance de la répartition en prescrivant aux maires l'obligation de dresser tous les trois ans en double expédition un état des ressources que peut offrir leur commune pour le logement et le cantonnement des troupes.

Ces états imprimés, tout prêts à être remplis, sont fournis aux municipalités par les commandants de région ; les maires ont à les remplir en ayant soin de faire la distinction entre l'agglomération principale et les différents groupes d'habitations éloignées de la commune, ce qui plus généralement, dans les villages, se divise en bourg, hameaux ou propriétés isolées dépendant de la commune, et, dans les grandes villes, se distingue par quartiers, ville haute, ville basse ou faubourgs.

Les maires devront faire porter leurs investigations avec la désignation de l'endroit précis où cela se trouve, sur :

Le nombre de chambres et de lits disponibles pour les officiers de tous grades ;

Le nombre de lits qui peuvent être affectés aux sous-officiers à raison d'un lit par sous-officier ;

Le nombre de lits, matelas et couvertures à destination des hommes de troupes qui devront être distribués à raison d'un lit ou d'un matelas avec une couverture par deux hommes ;

Le nombre de chevaux, mulets, bestiaux, et voitures que pourront contenir les écuries, remises et étables ;

Le nombre d'hommes qui, dans le cas d'un cantonnement, peuvent être abrités dans la commune.

L'état ainsi dressé par le maire est envoyé au préfet qui le reçoit du maire pour le transmettre au commandant de région afin que ce dernier puisse être à même de se servir de ces indications comme base des opérations successives de la marche des troupes.

De plus, afin d'éviter les erreurs de la part des maires, cet état est l'objet d'une révision faite par des officiers envoyés en mission par le ministre de la guerre dans chaque commune.

Ces officiers se transportent dans toutes les localités qu'énumère leur ordre de tournée, successivement et à des dates publiées à l'avance. Ils arrêtent définitivement l'état, après avoir vérifié l'exactitude des mentions qui y sont portées.

Des tableaux récapitulatifs sont, après cette vérification, imprimés ou autographiés par les soins du commandant de région et tenus en tout temps à la disposition :

1° Des officiers généraux exerçant le commandement ;

2° Des intendants militaires ;

3° Des commissaires du règlement des indemnités ;

4° Des maires par extraits concernant leur commune.

Le double par extrait des états est donc envoyé à chaque commune et dès que cette pièce parvient au maire, ce fonctionnaire convoque le conseil municipal et dresse à son tour un état indicatif, particulier à sa commune, où il a soin de consigner les ressources de chaque feu ou maison afin d'arrêter par une délibération prise en conseil l'ordre dans lequel les habitants de la commune auront à supporter à tour de rôle les charges du logement ou celles du cantonnement suivant la nature de la réquisition.

Nous nous permettrons de faire observer que l'état de recensement établi pour le cantonnement principalement, deviendrait pour l'ennemi entre les mains duquel il tomberait en cas de retraite de l'armée, un document très précieux qu'il importe d'éviter de laisser surprendre de même que les états d'effectifs laissés aux maires par les commandants de troupes, indications qu'il est de toute nécessité, à notre avis, de mettre rapidement à l'abri en les faisant transporter en retrait de la ligne des hostilités.

L'un et l'autre de ces documents contiendraient pour l'ennemi des renseignements précis et officiels à la fois sur les forces réelles des corps qu'il a devant lui et sur la possibilité d'abriter un effectif déterminé à l'avance.

Il nous paraîtrait donc très important que, dans la pratique, les maires des communes comprises dans un rayon proche de la ligne de combat fussent invités à se tenir prêts à faire remettre en cas d'alerte aux mains du commandant le plus proche les pièces dont nous venons d'indiquer l'usage, états d'effectifs, états de répartition, états de recensement, afin de les soustraire à une surprise de l'ennemi.

Le commandant de la région aurait toujours en réserve et disponible, pour le cas où l'armée, par un retour offensif, libérerait les communes démunies de leur état de recensement, un double des extraits du tableau récapitulatif prescrit par l'article 23 du règlement, destiné à parer à l'éventualité d'un envoi immédiat à la commune.

Ces mesures de prudence nous paraissent devoir être prises dans un intérêt de défense que nous faisons ressortir ici à titre d'observation et qu'il serait facile de porter à la connaissance des maires par les commandants de corps d'armée sur les points menacés.

Pour en terminer avec le logement et cantonnement il nous reste deux points à examiner.

Il s'agit :

Des indemnités dues :

1° En cas de dégâts occasionnés par les troupes chez l'habitant;

2° En cas de séjour prolongé au delà de trois nuits par mois et dans certaines conditions.

Nous n'avons à nous préoccuper que de la constatation du fait matériel en lui-même, l'appréciation de la quotité de l'indemnité sera laissée à la Commission dont nous aurons plus loin à développer le fonctionnement.

1° *Dégâts chez l'habitant.*

La première opération consiste en un procès-verbal du fait qui s'est produit, dressé contradictoirement :

En temps de paix : Par le maire de la commune en présence et avec le concours de l'officier commandant la troupe ou par l'officier détaché par le commandant de la troupe et laissé en arrière pour constater les plaintes.

En temps de guerre : Par le maire et par l'officier laissé en arrière pour recevoir les réclamations ; à défaut de l'officier, si le départ inopiné de la troupe n'a pas permis d'en laisser un, l'habitant devra s'adresser au juge de paix ou en son lieu et place au maire en l'absence de ce dernier ; l'une ou l'autre de ces autorités se transporte sur les lieux, constate le dégât, fait une enquête, dresse un procès-verbal et le remet à l'intéressé qui les a requis pour qu'il puisse faire valoir ses droits devant la Commission des indemnités, par l'intermédiaire du maire comme nous le verrons plus loin.

Le délai pour les habitants qui ont des griefs à exposer est de trois heures après le départ de la troupe, soit qu'ils s'adressent à l'officier laissé en arrière pour recueillir les réclamations et qui, en temps de paix, ne doit quitter la localité que trois heures après le départ du dernier détachement ;

Soit qu'ils aient à porter leurs plaintes devant le juge de paix, le maire ou toute autre autorité en l'absence des deux premières ce qui ne se présentera que très rarement.

Ce délai est de rigueur et l'action est forclose

l'heure passée sans que la réclamation soit présentée; le procès-verbal devra donc mentionner l'heure exacte du départ de la troupe et l'heure où ceux qui ont qualité pour dresser l'acte seront avisés de la réclamation.

Il ne faudrait pas, cependant, en conclure que pendant le séjour et avant le départ de la troupe, il ne soit pas possible de présenter une réclamation et de faire constater les faits.

En temps de paix le procès-verbal est envoyé à l'autorité militaire.

En temps de guerre, le procès-verbal est assimilé à l'ordre de réquisition et vaut comme tel.

2° *Indemnité de logement.*

Pour assurer cette indemnité, le premier devoir de l'officier qui commande la troupe logée ou cantonnée est de remettre au maire avant son départ un état d'effectif comprenant :

Le nombre des officiers;

    d°   des sous-officiers;

    d°   des soldats.

La quantité des chevaux;

    d°   de mulets;

    d°   de bestiaux;

    d°   de voitures ou chariots.

Les date et heure de l'arrivée de la troupe;

    d°   du départ.

Chacune de ces indications a pour objet l'appréciation de l'indemnité par le rapprochement de l'état d'effectif avec le tableau dressé par le maire en application de l'extrait de l'état récapitulatif que nous avons étudié.

Au cas où le maire n'a pu suivre l'ordre de son tableau et, par conséquent, n'a pas fait supporter également les charges sur chaque habitant, il devra en faire mention de même que, à notre avis, il devra faire suivre son état de toutes les observations qu'il jugera propres à éclairer la Commission de règlement des indemnités.

Ces états doivent être établis avec le plus grand soin, car c'est d'après leur comparaison que la Commission pourra s'éclairer et appliquer les prescriptions réglementaires en matière d'indemnités de logement.

Cette indemnité est due :

Pour toute occupation au delà de trois nuits par mois dans le même local par des troupes de passage en marche, par des troupes de résidence occupant une place forte en vue d'un siège ou des troupes de concentration dans les places, villes ou villages après la période de mobilisation expirée.

Car l'indemnité de logement n'est pas due pour des troupes qui manœuvrent, ni pour des troupes qui se rassemblent dans leurs lieux de mobilisation.

Le nombre des nuits se compte non pas d'après

le temps passé par une seule troupe et la même, mais par l'occupation effective du local pendant plus de trois nuits dans le cours d'un mois, que la troupe occupante reste la même ou que différents détachements et différentes armes s'y succèdent.

Le règlement détermine d'une manière précise le quantum de l'indemnité de logement : ce qui nous faisait dire plus haut que l'indemnité se réglait d'après l'examen et la comparaison des états d'effectifs et des états de la mairie afin d'appliquer cette indemnité qui se répartit de la sorte par habitant et par nombre de nuits excédant les trois nuits dues sans rétribution :

1° *Logement.*

Par officier logé seul et par jour	1 fr. »
Par deux officiers logés ensemble et par jour.	1 50
Par sous-officier et par jour. . .	15
Par soldat et par jour.	10
Par cheval plus le fumier et par jour.	05

2° *Cantonnement.*

Par homme et par jour.	05
Par cheval,	le fumier.

TITRE IV

De l'exécution des réquisitions.

(Loi, art. 19 à 23. — Règlement, art. 34 à 43.)

Trois principes généraux dominent la matière.

Le 1er. La réquisition est faite non pas aux habitants par voie directe, mais en bloc, c'est-à-dire à la commune ; elle est notifiée au maire et adressée par l'officier supérieur en grade qui, d'après les règlements militaires, se trouve avoir hiérarchiquement le commandement des troupes rassemblées en une même localité. L'ordre de réquisition porte avec lui le délai accordé pour la livraison.

Le 2e. Les réquisitions faites par les détachements de troupes et auxquelles s'appliquent les dispositions du titre IV de la loi ne peuvent se confondre en aucune manière avec les réquisitions qui peuvent être ordonnées pour les besoins généraux de l'armée par les commandants de corps d'armée ou les fonctionnaires de l'intendance.

Le 3e. Les réquisitions exercées sur une commune ne peuvent porter que sur les ressources y existant sans pouvoir les absorber complètement.

Le premier de ces principes souffre toutefois une exception pour le cas où une réquisition urgente est nécessaire sur un point éloigné du siège de la commune, hameau, ferme, ou toute autre habitation isolée, cas dans lequel la réquisition peut être adressée directement par l'autorité militaire aux habitants de ces demeures séparées du bourg ou de la ville, en ayant soin de se faire assister dans la répartition par les habitants les plus notables de l'endroit.

La réquisition, disions-nous, est adressée à la commune et notifiée au Maire.

Ont qualité pour la recevoir:

1° Le Maire;

2° Son ou l'un de ses adjoints dans l'ordre de nomination;

3° Et à leur défaut, suivant nous, un conseiller municipal dans l'ordre du tableau;

4° Dans les eaux maritimes, pour les réquisitions ayant trait aux objets ou services du ressort de la marine, au représentant de la marine sur le point du littoral où la réquisition doit s'exercer.

Aussitôt l'ordre de réquisition reçu, le Maire ou son suppléant légal, convoque pour l'assister deux membres du conseil municipal dans l'ordre du tableau et deux habitants les plus imposés présents.

Le Maire, sauf le cas d'urgence extrême, cas dans lequel il pourra agir seul, en ayant soin, à notre avis, de constater par un procès-verbal l'urgence et les faits qui y donnent lieu, assisté de ces quatre personnes formant conseil procèdera à la répartition de la réquisition demandée.

Nous ferons observer ici, que bien que le règlement autorise le Maire à passer outre lorsque les membres convoqués ne se présentent pas, afin de ne pas apporter un retard qui pourrait être préjudiciable aux opérations de la répartition, il nous semble qu'il devra chercher à s'entourer de deux autres conseillers et imposés en suivant l'ordre du tableau et du rôle et en ayant soin de convoquer ceux qu'il sait, par leur présence sur les lieux, pouvoir répondre à son appel. C'est, d'ailleurs, une garantie pour lui-même qu'il fera bien de prendre vis-à-vis de ses administrés.

Quant aux délibérations, le Maire les préside et doit avoir nécessairement, en cas de partage, s'il n'a pu réunir les quatre conseillers, voix prépondérante en sa qualité de représentant de la commune.

Cette répartition porte sur les habitants demeurant effectivement dans la commune et sur les contribuables, quand bien même parmi ces derniers il s'en trouve qui n'habitent pas la commune et ne participent aux charges communales qu'en qualité de propriétaires ou possesseurs de terrains ou d'immeubles, ce qui sera toujours facile à établir par les rôles des impositions.

A l'égard des habitants présents, point de difficultés, la réquisition s'opèrera facilement.

A l'égard des habitants absents, il y aura lieu pour le Maire de prendre certaines précautions surtout lorsqu'il s'agira de pénétrer dans leur demeure. Il devra, en présence de deux témoins, faire ouvrir la maison et procéder devant eux, d'une part, à l'enlèvement des denrées requises ou à l'installation des officiers ou soldats qui devront y être logés et, d'autre part, veiller aux mesures d'ordre qui devront être prises pour mettre à l'abri tous objets qu'il croira utile de faire enfermer en un mot, pour prendre toute mesure de protection du domicile des absents. Dans ce cas, du reste, le Maire prendra le soin de dresser un procès-verbal de l'ouverture et de la fermeture des locaux, procès-verbal qu'il fera signer aux témoins et qu'il conservera pour sa garantie personnelle.

La réquisition est-elle inférieure comme quantité requise aux ressources de la commune, rien de plus simple, elle est fournie en entier.

Au contraire, la réquisition dépasse-t-elle les ressources de la commune, ici naissent les difficultés.

Tout d'abord, le Maire doit livrer tout ce qu'il peut fournir en ayant soin de conserver :

1° A chaque famille les vivres destinés à l'alimentation pendant trois jours ;

2° A tout établissement agricole les grains et autres denrées pour la consommation de huit journées ;

3° A ceux des habitants, fermiers, cultivateurs ou autres qui ont des bestiaux, les fourrages nécessaires à quinze journées de nourriture par tête de bétail.

Dans le cas où la réquisition n'est pas complétée, l'autorité militaire conserve le droit de vérification et si elle découvre des denrées en procédant à des recherches qu'elle a le droit de faire à main armée, elle peut s'emparer de vive force des denrées indûment refusées, dresse procès-verbal de ses prises et signale les faits à l'autorité judiciaire. Le Maire est responsable et, de plus, passible d'une amende allant de 25 à 500 francs.

De même, lorsque les prestations ne sont pas fournies dans le délai prescrit, l'autorité militaire conserve le droit d'y procéder par elle-même.

La répartition dressée par le Maire assisté ou non suivant les cas que nous avons examinés plus haut, est obligatoire pour tous les habitants ou contribuables de la commune; elle est sans appel et s'exécute immédiatement. Au besoin, en cas de refus des habitants de se conformer à la répartition, le Maire se fait assister de la force armée et, dans ce cas, les denrées ou objets requis sont saisis et l'opposant renvoyé devant les tribunaux est passible d'une amende qui peut s'élever au double de la valeur de la prestation requise.

Les prestations sont réunies en un lieu indiqué par le Maire et délivrées par ses ordres en sa présence ou en la présence des délégués choisis par lui aux parties prenantes qui en donnent un reçu détaché du carnet de réception sur lequel se trouveront détaillées, comme nous l'avons dit plus haut, les quantités, l'estimation s'il y a lieu, la qualité de la ration et l'énumération de l'effectif, en un mot, et nous y insistons, toutes les indications pouvant servir utilement de base à l'appréciation que la commission d'évaluation des indemnités aura à en établir.

Au lieu de procéder par voie de réquisition, le Maire peut pourvoir directement au compte de la commune à la fourniture et à la livraison des prestations requises. Les dépenses qu'entraînera cette opération, seront imputées sur les ressources générales du budget municipal sans qu'il soit besoin d'autorisation spéciale. Toutefois, il nous faut ajouter que, suivant nous, c'est un moyen donné pour faciliter les prestations sans que pour cela la commune puisse acheter en dehors de son territoire les denrées requises. Elle n'est tenue qu'aux ressources existant effectivement dans son territoire, et ce ne peut être qu'un mode facilitant la répartition, mode dans lequel l'autorité militaire n'aura pas à s'immiscer du moment où les prestations seront fournies.

Il faut aussi supposer pour l'application de cette mesure laissée facultative au Maire assisté de son conseil municipal que les ressources de la commune dépassent le quantum des prestations exigées pour permettre l'achat direct aux détenteurs sans attendre le règlement par la commission des indemnités qui aura toujours lieu, mais qui ne s'adressera plus qu'à la Municipalité responsable de ses achats.

Quant aux prestations de services personnels exigées des habitants domiciliés dans une commune, s'agit-t-il de conducteurs d'attelage, mariniers, bateliers, guides, terrassiers, etc., les habitants désignés par le Maire sont appelés à fournir les services ordonnés. Nous avons vu plus haut comment les officiers chargés de diriger ces opérations constituent ces services obligatoires dont la rémunération est comprise dans un salaire réglé par la commission de règlement des indemnités.

Si l'un des habitants requis ne se soumet pas à l'appel du Maire, refuse sa coopération effective ou vient à quitter le service pour lequel il est désigné, l'officier, sous les ordres duquel il doit exécuter ou il exécute le travail commandé, constate son refus, son absence, ou l'abandon de son poste et signale le fait au Procureur de la République chargé de poursuivre le délinquant qui, en temps de paix, encourra une amende de 16 à 50 francs.

En temps de guerre, il n'en est plus de même; le délit entraînant de graves conséquences, l'habitant qui se sera soustrait aux obligations pour lesquelles il aura été requis, tombera sous le coup des dispositions portées en l'article 62 du Code de Justice militaire, il sera traduit devant un conseil de guerre et sera passible de la peine d'emprisonnement de six jours à cinq années. (Art. 194 du Code de Justice militaire.)

Nous en avons terminé avec la partie de la loi relative à l'exécution des prestations dont nous nous sommes appliqués à rechercher la nature et le fonctionnement.

Avec ces dispositions, s'arrête le rôle de la partie prenante, c'est-à-dire de l'autorité militaire requérante.

Dans le titre suivant, nous aurons à donner les explications relatives au règlement des indemnités représentatives de la valeur des prestations requises. En un mot, nous quittons le terrain de l'exécution pour entrer dans le domaine litigieux avec la liquidation des indemnités.

TITRE V

Du règlement des Indemnités.

(Loi, art. 24 à 28. — Règlement, art. 44 à 56.)

Le principe qui domine la matière du titre dans lequel nous entrons et qui forme en quelque sorte une partie à part, celle de la liquidation distincte de l'exécution, est un principe d'équité absolue. Il assure de la manière la plus étendue aux intéressés une juste évaluation des sacrifices faits pour la défense commune.

Aussi le règlement d'administration publique prend-il le soin d'entourer de toutes les garanties désirables les intérêts des particuliers et de sauvegarder les droits de l'État en ne laissant pas se produire des prétentions exagérées de bonne foi ou trop élevées à dessein.

Dans le cas de mobilisation totale ou temps de guerre, le Ministre nomme :

1° Une commission centrale ayant pour attributions :

De correspondre avec les commissions réparties dans les départements, sorte de grand conseil ayant pour mission de se prononcer sur toutes les difficultés auxquelles donnerait lieu le règlement des indemnités par les commissions déparmentales et d'assurer par sa haute direction l'uniformité et la régularité des liquidations.

2° A côté de cette commission centrale sont appelées à fonctionner en quelque sorte sous son contrôle, qui, à notre avis, est un droit et un devoir pour la commission centrale, les commissions départementales en nombre correspondant aux départements compris dans la zone où les réquisitions pourront s'exercer.

La commission centrale est nommée par le ministre ; elle devra, suivant nous, se réunir au siège du Gouvernement, parce qu'il y a lieu de supposer que ce sera le point le plus facile pour assurer dans la mesure du possible ses communications avec les commissions opérant isolément dans les départements.

Il ne nous appartient pas d'en fixer la composition mais nous estimons que le choix du Ministre en dehors des membres militaires désignés par leurs hautes fonctions et par leur expérience éprouvée, doit se porter sur des membres civils tels que des membres de la chambre de commerce notamment, des experts jurés près les tribunaux, des officiers ministériels qu'une longue habitude des affaires a familiarisés avec des difficultés analogues, des arbitres, des courtiers de marchandises assermentés, très compétents dans les estimations des cours près les tribunaux de commerce, d'experts de compagnies d'assurances, en faisant appel dans les diverses corporations aux notabilités dont le dévouement ne fera pas défaut à la cause commune et dont l'honorabilité, l'expérience des affaires et la notoriété donneront à leurs décisions une valeur reconnue de tous.

Les commissions départementales sont à la nomination directe du Ministre. Toutefois, il peut déléguer ses pouvoirs aux généraux commandants de régions, ou, autrement dit, aux généraux commandant en chef les corps d'armée. Ces derniers sont en relations plus suivies avec les Préfets, en rapport plus direct avec les populations placées sous leur autorité ; il sera donc parfois préférable de leur laisser ce soin, et souvent il y aura nécessité, car autant la centralisation a ses avantages précieux, autant une décentralisation aussi justifiée aura pour effet de gagner du temps et de permettre une organisation plus rapide, chose si importante dans les immenses déplacements de troupes mobilisées. Ces commissions se composeront de trois manières suivant l'importance prévue des opérations dans le département :

Soit de trois membres, dont deux civils et un militaire ;

Soit de cinq membres, dont trois civils et deux militaires ;

Soit de sept membres, dont quatre civils et trois militaires.

Les membres civils seront nommés au choix sur une liste des notabilités prises, suivant nous, dans les diverses branches que nous venons d'indiquer, liste composée et présentée par les soins du Préfet.

La désignation du Président et du secrétaire qui peuvent être pris indifféremment parmi les membres civils ou militaires, de même que la nomination de chacun des membres, appartient exclusivement au Ministre de la guerre ou à son délégué le commandant de corps d'armée.

L'élément civil y est représenté dans une très large proportion, puisque la majorité du nombre lui est acquise.

Toutefois ces commissions ne pourront valablement délibérer qu'autant que trois membres seront présents dans les commissions composées de trois ou cinq membres, et cinq dans celles composées de sept membres.

Nous ne reproduirons pas nos observations sur le choix des commissaires; ce que nous avons dit de la commission centrale s'applique également à la commission départementale, et il est très important que par leur notoriété et leur honorabilité, les membres choisis soient à l'abri de toute supposition malveillante et de tout soupçon de condescendance pour leurs compatriotes.

La composition de ces Commissions constitue à l'élément civil en lui assurant la majorité du nombre une prépondérance qu'il nous paraît utile de constater pour bien montrer combien sont sauvegardés les intérêts des populations tout en maintenant au Ministre qu'elles sont chargées d'éclairer par leur avis, la liberté de décision nécessaire à la bonne exécution de la loi.

Ces Commissions ont une double mission à remplir :

La première d'établir les tarifs des denrées ou des objets le plus habituellement mis en réquisition en tenant compte des usages du pays, de ses ressources et des cours ordinaires des marchés de la région. Elles doivent déterminer également le prix des journées ou de la main-d'œuvre lorsque les prestations porteront sur le service individuel requis des habitants.

Pour faciliter leur tâche, et s'éclairer sur la valeur réelle dans les localités du département, elles pourront s'entourer de notables commerçants avec voix consultative ; elles devront ensuite, à notre avis, pour rester dans l'esprit de la loi envoyer leur décision motivée à la Commission centrale qui la transmettra au ministre avec ses observations. Ce mode de procéder nous paraît le plus conforme à la pratique qui porte, d'un côté, que le ministre fixera les tarifs et, d'autre part, que la Commission centrale est instituée pour connaître de toutes les difficultés auxquelles peut donner lieu la liquidation. C'est, nous le reconnaissons, une extension apportée au règlement ; mais n'est-ce pas asssurer l'uniformité et la régularité de la liquidation que d'établir ainsi les bases sur lesquelles s'opèrera cette liquidation même.

La seconde a pour but d'évaluer les dommages.

Là encore, les Commissions départementales pourront, si elles le jugent convenables, s'entourer de toutes garanties, s'éclairer par tous moyens et s'adjoindre le concours d'experts, aux frais de l'administration pour arriver à une juste estimation du dommage.

Un des modes d'évaluation qui nous semble assurer le plus complètement l'uniformité des opérations consiste :

1° A établir le prix d'un objet neuf de même nature, en quantité, qualité égale à celui qui a été consommé, perdu ou avarié ;

2° A rechercher la valeur de la partie matérielle existant encore, s'il n'y a qu'avarie et si l'objet a été consommé ou détruit; à estimer la dépréciation à faire subir à l'objet, suivant que les renseignements recueillis établissent son état d'usure avant le fait qui l'a détruit ou avarié de façon à déterminer une diminution de tant pour cent sur la valeur marchande de l'objet qu'il s'agit d'estimer pris dans les mêmes conditions de temps et de lieux.

Ces deux termes connus, il ne reste qu'à déduire du prix total de l'objet le montant de la dépréciation pour avoir le chiffre de l'indemnité fixé avec toutes les bases d'appréciation à l'appui.

Nous indiquons ce mode, parce qu'il nous paraît amener les Commissions à se rendre un compte précis et leur permettre en même temps une uniformité d'opérations qui, tout en rendant le contrôle bien plus facile et bien plus rapide, seraient, en cas de contestations avec les particuliers, un précieux élément d'information.

Car, ne l'oublions pas, le caractère particulier de ces Commissions est de donner à l'administration militaire un avis motivé sur le quantum de l'indemnité à offrir; elles ne sont appelées ni à statuer, ni à arbitrer; elles se bornent à émettre des avis et non à prendre des décisions, avis qui, le plus généralement, il est vrai, serviront de base aux offres de l'autorité militaire. Mais ces offres peuvent n'être pas acceptées des particuliers intéressés et alors le différend étant porté devant les tribunaux ordinaires dans la forme des matières sommaires, il est très avantageux de trouver dans l'avis de la Commission les éléments d'instruction qui résultent du mode de procéder que nous avons indiqué.

En cas de difficultés, les Commissions départementales pourront renvoyer l'affaire devant la Commission centrale avec laquelle elles devront correspondre et cette dernière émettra un avis sur la difficulté qui lui sera soumise avant que les Commissions fassent connaître aux autorités militaires le résultat de leur examen.

Le rôle des Commissions est donc purement consultatif à l'égard des autorités militaires; c'est au fonctionnaire de l'intendance et non aux Commissions à représenter l'État dans ses rapports avec les particuliers et à les suivre sur le terrain de la procédure si ces derniers se croient lésés dans leurs droits.

Mentionnons seulement ici qu'il n'y a pas incompatibilité entre les fonctions de membre de la

Commission et celles de l'intendant ou du sous-intendant, fonctionnaires qui, pour nous, devront toujours faire partie de la Commission, quand bien même ils se trouveraient investis du double pouvoir de donner leur avis dans la Commission et de représenter l'État vis-à-vis des particuliers intéressés.

Les Commissions n'ont, comme nous le faisions ressortir tout à l'heure, aucun des pouvoirs du juge et ne sont instituées que pour formuler un avis destiné à sauvegarder les intérêts de l'État. Le sous-intendant éclairé par l'examen fait au sein de la Commission dont il est l'un des membres, sera plus à même de suivre le procès engagé et d'y répondre avec une connaissance complète des raisons qui ont motivé ses offres, non acceptées, puisque nous supposons le cas où les offres sont contestées, point auquel nous arriverons tout à l'heure.

Examinons la procédure par laquelle passent les règlements d'indemnités avant d'arriver à la Commission d'évaluation et ensuite après l'avis formulé de cette dernière.

Le Maire, à l'aide du registre sur lequel il a dû inscrire les prestations fournies par chaque habitant au moment de la livraison, dresse un état nominatif dont le modèle se trouve au formulaire sous les lettres A et A bis. Il classe par services administratifs, se guidant sur la nomenclature indi-

quée en tête de l'état, les prestations fournies ;
puis il mentionne :

1° Le nom de l'habitant ;
2° L'objet de la réquisition ;
3° La date ;
4° La quantité ou sa durée ;
5° Le prix réclamé.

Le maire joint son avis, s'il y a lieu, et son état étant ainsi complété par toutes les indications les plus propres à faciliter l'estimation, il l'adresse au préfet qui le transmet à la Commission appelée à fonctionner dans toute l'étendue de son département.

Le maire est tenu d'annexer à son état de prestation les ordres de réquisition et les reçus de livraisons délivrés par l'autorité militaire, les certificats d'exécution de services requis et les procès-verbaux, s'il en a été dressé, dans les circonstances que nous avons signalées plus haut (page 12) ; en un mot, le maire rassemble toutes les pièces qui peuvent éclairer la Commission dans ses recherches, en dresse un bordereau en double expédition et envoie le tout au préfet, pour le joindre à son état de prestations. (Formule E.)

Le préfet transmet à la Commission les deux états et les bordereaux en double expédition avec les pièces qui s'y trouvent portées.

La Commission vise un des états et un des bordereaux et les retourne ainsi visés à titre de récépissé pour prise en charge des pièces, puis elle compare les pièces aux indications portées dans l'état, relève les différences s'il s'en trouve, en un mot, examine les demandes, émet son avis motivé et renvoie le dossier de la commune au fonctionnaire de l'intendance chargé de faire connaître au Maire les prix alloués aux intéressés.

Le fonctionnaire de l'intendance dans les trois jours de la réception de l'état envoyé par la Commission, notifie au maire le chiffre des indemnités allouées, et joint à sa notification le bordereau avec les pièces en y mettant son visa; quant à la notification, elle est faite sur l'expédition en double de l'état nominatif qui acccompagne le bordereau et l'envoi des pièces.

Le Maire notifie individuellement à chaque intéressé à son domicile dans les vingt-quatre heures de la réception de l'état des offres de règlement, il prévient les intéressés du délai de quinzaine qui leur est accordé pour faire valoir, s'ils le veulent, leurs réclamations et mentionne sur l'état même qui lui a été retourné la date de la notification et les réponses, s'il s'en produit.

A l'expiration des quinze jours francs à dater de la notification, le Maire arrête l'état dont il conserve un double à la mairie.

Il dresse en triple expédition un nouvel état, en ayant toujours soin de maintenir la division par service administratif suivant la nature des réquisitions qu'il s'agit de régler.

Ce nouvel état (formule B) comprend les allocations acceptées et celles pour lesquelles les intéressés n'ont pas fait de réponses, ce qui équivaut à une acceptation, puisque, le délai étant expiré, les offres deviennent valables par ce seul fait qu'elles n'ont pas été contestées. On pourrait appeler ces états les bordereaux de paiement, car ils vont servir de pièces de caisse tant pour l'ordonnancement par le sous-intendant que pour le paiement entre les mains des intéressés par le receveur de la commune.

Dans un délai maximum de huit jours, le sous-intendant délivre au nom de la commune un mandat de la somme portée sur l'état (formule B) dont il renvoie avec le mandat une des expéditions, visée par lui, au maire.

Le receveur municipal touche le mandat, en distribue le montant aux habitants compris sur l'état visé par le sous-intendant.

Les habitants seront payés en temps de paix au comptant en espèces ou billets de banque ayant cours.

En temps de guerre, il peut se faire que le mandat porte sur des bons du Trésor à diverses échéances ; voici alors comment procèdera le receveur : il touchera toujours au nom de la commune, et, à chaque échéance, répartira les espèces entre les habitants au prorata des sommes pour lesquelles ils seront inscrits.

De la sorte, les parties qui auront accepté les offres de l'autorité militaire sont payées de suite ou si elles sont réglées par des bons du Trésor au nom de la commune, ces bons produiront un intérêt de 5 0/0 à dater de la réquisition, intérêt qui sera calculé à l'aide de la deuxième expédition du bordereau remise aux agents du Trésor.

La troisième expédition restera au dossier de l'intendance pour que cette pièce comptable serve de balance à l'ordonnancement du mandat.

En résumé, pour les indemnités non contestées, elles se groupent par communes, sont payées au maire ou à la personne ayant mandat de lui pour toucher comme le receveur municipal, sans qu'il soit question d'individualités autrement que dans l'état qui porte le détail des réclamations et des sommes allouées (Formule B.)

Examinons maintenant les cas où les indemnités sont contestées et donnent lieu à des jugements intervenant de parties à parties. La commune disparaît avec ses privilèges ordinaires de juridiction spéciale, elle reste toujours un être collectif, mais elle devient un simple particulier que nous retrouvons comme dans les litiges ordinaires devant les tribunaux civils, soit justice de paix, soit tribunaux de première instance, suivant la compétence.

Le Juge de paix statuera en dernier ressort jusqu'à une valeur de 200 francs inclusivement, et en premier ressort jusqu'à 1,500 francs.

Il recevra du Maire, mandataire constitué des habitants de sa commune, la liste des refus d'acceptation de l'indemnité allouée. Cette liste lui sera adressée à l'expiration du délai de quinzaine de la notification qui est laissé aux intéressés pour prendre un parti et le faire connaître.

Le Juge de paix appellera devant lui les réclamants et l'autorité militaire qui se fera représenter par qui bon lui semblera, soit par un fonctionnaire de l'armée, soit par un des agents de l'État. Nous n'indiquons ici que deux classes spéciales, car il nous semblerait impossible d'accepter la défense des intérêts de l'État par d'autres personnes que des fonctionnaires, qu'ils le soient à un titre ou à un autre, pourvu qu'ils dépendant directement de l'État.

Le Juge de paix conciliera ou jugera comme en droit commun, l'État se faisant simple particulier dans la circonstance pour assurer plus complètement la prompte expédition des affaires, en écartant toutes les formalités qui, d'ordinaire, sont exigées dès que l'État se trouve en cause.

Les affaires non conciliées au-dessus de 200 francs seront jugées en premier ressort par le juge de paix et susceptibles d'appel devant le tribunal de première instance en dernier ressort jusqu'à 1,500 francs.

Passé 1,500 francs, les procès-verbaux constatant le refus sont remis directement aux parties par le Maire qui est ainsi déchargé.

Les parties assignent devant le tribunal civil de première instance de l'arrondissement l'État en la personne de l'autorité militaire visée dans le procès-verbal d'offres et de refus, pour laquelle domicile est élu à la mairie du chef-lieu de canton aux termes de la loi qui a pris soin de l'indiquer dans son article 55.

En conséquence, tous les actes qui devront être signifiés à l'autorité militaire le seront valablement à la mairie du chef-lieu de canton.

La procédure se suivra devant le tribunal civil comme en matière sommaire, c'est-à-dire à bref délai et sans qu'il soit besoin des préliminaires de conciliation.

En un mot, nous rentrons dans le droit commun : l'État se fait simple particulier et nous retrouvons la procédure ordinaire, sauf que l'État verra ses intérêts défendus à l'audience par le ministère public, soit par le procureur, soit par son substitut.

Le ministère public mandataire naturel et obligé de l'État, trouvera un puissant auxiliaire dans l'avis de la commission, et c'est pour cela que nous avons appelé l'attention sur le double mandat que pouvait recevoir le fonctionnaire de l'intendance et comme membre de la commission, à notre avis comme président, et comme représentant de l'État vis-à-vis des intéressés. L'instruction des affaires y gagnerait en rapidité comme en clarté et précision.

Le jugement du Tribunal civil sera susceptible d'appel devant la Cour.

Le chapitre que nous venons d'étudier s'applique particulièrement au temps de guerre où le fonctionnement des Commissions devient une nécessité que le temps de paix ne nous semble pas devoir comporter au point de vue de la préparation du temps de guerre, car les grandes manœuvres sont prévues par un chapitre spécial que nous trouverons à la fin de la loi et les mesures très sages, qui en sont la conséquence, doivent à notre avis, s'étendre aux autres cas de mobilisation partielle que nous avons indiqués plus haut page 6, en répondant amplement à leurs besoins passagers sans le secours des Commissions départementales.

Nous avons encore une autre observation à faire sur cette importante partie de la loi.

Nous voulons parler de la proposition de loi de M. Bozérian devenue loi par les votes qui l'ont sanctionnée.

M. Bozérian, avec une grande justesse de vue, a demandé pour les actes de la procédure en règlement d'indemnités exclusivement :

La dispense du timbre ;

L'enregistrement sans frais.

Cette disposition fort importante a pris place dans la loi à l'article 26, et nous partageons ce sentiment qui permet aux habitants de se pourvoir contre les offres de l'autorité militaire sans avoir à faire l'avance de frais souvent trop considérables pour certains d'entre eux. La libéralité du législateur assure ainsi à chacun la plus entière liberté d'action s'il croit ses réclamations justifiées par une indemnité insuffisante.

Toutefois ne faudrait-il pas, à notre avis, que cette faculté de s'adresser aux tribunaux dégénérât en abus, et si nous insistons sur ce passage important de la loi introduit après coup par voie de proposition, c'est que nous voudrions prévenir toute spéculation, écarter de l'esprit des parties requises appelées ainsi à concourir à la défense générale du pays, toute idée de lucre que pourrait éveiller la gratuité de la procédure.

M. Léon Say, ministre des finances, avait eu la pensée prévoyante de demander que les actes fussent visés pour timbre et enregistrés en débet, laissant ainsi à la charge de la partie perdante les frais de timbre et d'enregistrement. Nous eussions préféré ce mode qui nous semble plus rationnel et surtout plus propre à déjouer les prétentions exagérées à dessein de certains réclamants qui se lanceraient à tout hasard, sans bourse délier, dans un procès si tentant pour leur cupidité.

Aussi, tout en approuvant un système aussi

large que libéral. ne saurions-nous nous empêcher de faire remarquer que, puisque nous sommes en droit commun, il y aurait, croyons-nous, un moyen d'enrayer les abus : ce serait de laisser à l'autorité militaire la faculté d'introduire par voie reconventionnelle une demande en dommages-intérêts qu'il appartiendrait aux tribunaux d'apprécier et de juger.

La mauvaise foi ne saurait ainsi provoquer des procès sans exposer ses auteurs à des dommages-intérêts parfaitement justifiés.

TITRE VI

Des réquisitions relatives aux chemins de fer.

(Loi, art. 29 à 34. — Règlement, art. 57 à 64.)

Ce titre traite d'une réquisition toute particulière qui est, en quelque sorte, une dérogation aux règles que vient d'introduire la nouvelle loi que nous étudions. Cela vient de ce que nous sommes ici en présence d'une organisation spéciale qu'il importe de ne pas désunir dans l'intérêt des services qu'elle est appelée à rendre comme dans l'intérêt de la sécurité générale qui exige une surveillance constante en même temps qu'une direction expérimentée.

Le principe dominant est, pour ainsi dire, la

main mise en cas de guerre sur toutes les compagnies qui sont obligées par leurs cahiers des charges de tenir à la disposition du ministre de la guerre toutes leurs lignes, leur matériel d'exploitation en y comprenant le combustible, les magasins, gares, etc., et leur personnel.

Cette main mise est notifiée par le ministre des travaux publics à chaque compagnie suivant les besoins, et tant que le ministre des travaux publics n'a pas signifié le retrait de sa notification, les compagnies demeurent soumises aux réquisitions du ministre de la guerre.

La base d'opérations déterminée par le ministre de la guerre délimite les droits des compagnies et les devoirs de l'administration représentée par la Commission militaire supérieure des chemins de fer ou par la direction militaire des chemins de fer de campagne.

En deçà de la base d'opérations, la compagnie conserve la direction de l'exploitation et s'entend pour les transports avec la Commission militaire des chemins de fer. Elle doit fournir les trains nécessaires et prendre telles mesures dans la combinaison de ses services particuliers qu'il lui conviendra pour assurer, d'une part, les transports destinés à l'armée, en hommes, chevaux, matériel de guerre, vivres, etc., et d'autre part, ceux destinés à son service ordinaire de voyageurs et de messageries.

Les réquisitions ne peuvent être ordonnées que par le Ministre de la guerre sur l'avis de la Commission militaire supérieure des chemins de fer ; elles seront adressées aux chefs de gare qui sont les représentants de la compagnie et qui restent chargés de l'exécution dont ils sont responsables.

Au delà de la base d'opérations :

L'exploitation par la compagnie cesse ; au Ministre de la guerre se substitue le Général en chef qui prend l'avis de la Direction militaire des chemins de fer de campagne et lui confie l'exécution qu'elle dirige à l'aide d'un personnel spécial organisé militairement et d'un matériel fourni par les compagnies.

Toutefois, nous estimons qu'il y a intérêt à comprendre dans l'organisation militaire du réseau au delà de la base d'opérations partie des employés de la ligne dont la connaissance des localités peut être d'une très grande utilité. Ces agents sont, du reste, mis à la disposition de la direction militaire par le fait de la mise en réquisition de la compagnie. C'est à cette direction à désigner ceux dont elle entend utiliser les services.

Dans les deux réseaux en deçà et au delà de la base d'opérations :

L'indemnité ne se règle plus devant les tribunaux comme pour les autres réquisitions, mais en cas de désaccord entre les compagnies et l'État, c'est le Conseil d'État qui sera saisi.

4.

Nous ne nous arrêterons pas plus longtemps sur ce titre, qui, au point de vue de notre étude, ne demande pas d'autres développements que ceux mêmes donnés à la loi avec une très grande clarté par le règlement auquel nous renvoyons.

Nous terminerons, cependant, par une observation très importante qui fait l'objet de l'article 34 et consacre parfaitement le principe d'exception de ce titre, c'est l'exclusion pour les maires de comprendre les gares et dépendances, les matériaux et le personnel s'y rattachant qui se trouvent sur le territoire de leur commune, dans la répartition des réquisitions qui leur sont adressées.

TITRE VII

Des réquisitions de l'autorité maritime.

(Loi, art. 35. — Règlement, art. 65 à 73.)

Ce titre comprend l'application des règles que nous venons d'étudier pour l'armée de terre aux besoins de l'armée de mer avec les distinctions que voici :

Le Ministre de la Marine,

Les Vice-Amiraux commandant en chef, préfets maritimes, exercent seuls le droit de réquisition.

Ils peuvent déléguer ce droit aux officiers ou

aux commissaires de la marine sous leurs ordres, ce qui répond aux délégations par les généraux en chef aux commandants de troupes et aux fonctionnaires de l'intendance. (Page 2.)

De même, nous voyons l'officier de marine commandant une force navale, un bâtiment isolé ou un détachement à terre pouvoir exceptionnellement faire des réquisitions sans être muni d'un carnet à souches portant la délégation de son chef. (Page 3.)

Les réquisitions sont adressées au Maire et les opérations se passent de la même façon que pour l'armée de terre, seulement elles se font au nom du Ministre de la Marine au lieu de s'exercer au nom du Ministre de la Guerre, et les indemnités se règlent de même par les commissions départementales. Nous ne reproduirons donc pas les dispositions que nous avons étudiées précédemment et nous nous bornerons à renvoyer à l'explication des chapitres précédents en faisant remarquer qu'il n'y a de différence que celle de l'appellation du Ministre.

Nous aurons cependant trois observations à ajouter qui touchent à trois points spéciaux à la Marine.

La première lorsqu'il s'agit de réquisition de navires, embarcations, matériel naval et équipages de ces bâtiments :

L'ordre de réquisition est adressé directement non plus au Maire de la commune dans les eaux de laquelle se trouvent les navires et embarcations ou les équipages à requérir, mais au représentant de la marine, commissaire de marine, syndic des gens de mer s'il s'agit de barques de pêche sur une plage isolée, toutes autorités similaires du maire à l'égard des navires marchands qu'il s'agit de réquisitionner, autorités qui devront se conformer aux mêmes règles que les Maires, et adresser leurs états soit aux commissaires de la marine, soit aux fonctionnaires de l'Intendance suivant que l'ordre de réquisition portera la délégation du ministre de la marine ou du ministre de la guerre.

Lorsqu'il n'y a pas de représentant de la marine, la réquisition sera adressée directement au capitaine du navire qui fera valoir ses droits ainsi qu'il vient d'être indiqué pour le représentant de la marine, à défaut duquel il a le devoir de remplir les formalités prescrites.

Le deuxième point touche à la désignation de l'autorité requérante dans le cas où des troupes de l'armée de terre sont employées à une opération maritime dirigée par un officier de marine et dans celui inverse où des marins et des troupes de l'armée de mer prennent part à des opérations de l'armée de terre conduites par des officiers de cette armée.

Dans ces deux cas, point de difficulté, les réquisitions se font par l'officier commandant le corps d'expédition suivant l'armée à laquelle il appartient ; ainsi, dans la première hypothèse, elles s'exerceront au nom et pour compte du Ministre de la Marine et dans la seconde au nom et pour compte du Ministre de la Guerre.

La troisième observation a pour objet la composition de la commission d'évaluation lorsque les réquisitions portent sur des navires, embarcations, matériel naval ou équipages.

Il ne s'agit plus de denrées, d'objets ou de services que la commission départementale nommée par le Ministre de la Guerre sur la présentation du Préfet puissent estimer. Il faut des connaissances spéciales qui ne peuvent se rencontrer que chez des officiers de la marine habitués à des évaluations semblables dans leurs voyages, ou chez des armateurs dont la profession est une garantie d'expérience.

Le département est remplacé ici par l'arrondissement et le sous-arrondissement maritime. Le Préfet est suppléé par le Préfet maritime qui reçoit délégation du Ministre de la Marine pour désigner les membres des Commissions mixtes dans les mêmes conditions de trois, cinq ou sept membres comme nous avons vu se former les Commissions d'évaluation départementales avec cette modification cependant que si la réquisition a été faite par un officier de l'armée de terre, termes de l'article 23, la Commission s'adjoindra un fonctionnaire de l'Intendance nommé par le Ministre de la Guerre et la voix du président sera prépondérante en cas de partage.

Le règlement des indemnités, sauf conventions conclues entre l'État et les compagnies propriétaires de navires ou concessionnaires de services de messageries, se fera suivant le mode adopté pour les réquisitions de l'armée de terre avec faculté de s'adresser aux tribunaux et d'y jouir des mêmes immunités de dispense de timbre et d'enregistrement sans frais.

Quant aux compagnies qui sont fermières des services postaux ou possèdent des traités avec l'État, les conventions font loi entre les contractants; c'est aux clauses des contrats qu'il faudra se reporter et ce cas a toute analogie avec la situation respective de l'État et des compagnies de chemins de fer, que nous avons exposée dans le titre précédent. (Page 63.)

TITRE VIII

Dispositions relatives aux chevaux, mulets et voitures nécessaires à la mobilisation.

(Loi, art. 36 à 53. — Réglement, art. 74 à 104.)

Ce titre n'est que la reproduction de la loi du 1er août 1874, en vigueur depuis 1875, avec les modifications que l'expérience a permis d'introduire et c'est pour réunir dans un seul corps toutes les dispositions touchant aux rapports des autorités militaires avec les particuliers que ce titre a trouvé place dans la loi sur les réquisitions.

La loi, en effet, très explicite par elle-même sur ce point est complétée par le règlement qui est aussi très étudié et nous permet de renvoyer aux textes comparés qui sont insérés à la fin de notre étude, page 132, sans qu'il nous soit besoin d'entrer dans d'autres explications, alors que l'usage qui en tes fait annuellement a permis à la loi d'être très précise en ce qui touche les opérations du recensement annuel et du classement des animaux et voitures attelées.

En ce qui concerne la partie relative à l'exercice des réquisitions, toutes les mesures à prendre sont longuement traitées dans le règlement qu'il suffit de parcourir pour s'en rendre un compte parfaitement exact.

Nous nous bornerons donc à citer, pour faciliter l'étude de ce titre, l'exposé méthodique que nous empruntons au rapport de M. le comte Octave de Bastard.

L'honorable rapporteur a divisé son travail sur ce point en trois parties. Nous le suivrons dans l'ordre qu'il a adopté et que voici :

PREMIÈRE PARTIE.

Recensement annuel et classement des animaux

suceptibles d'être requis en cas de mobilisation :

1° En ce qui concerne l'administration civile seule :

Recensement annuel, dans chaque commune et avant le 16 janvier des animaux susceptibles d'être requis.

Tous les trois ans et à la même époque, recensement des voitures attelées de chevaux et de mulets. (Loi, art. 37. — Règlement, art. 74 à 81, page 122).

2° En ce qui concerne l'action combinée de l'administration civile et de l'administration militaire :

La constatation du nombre des animaux existant et ayant l'âge fixé par la loi, leur reconnaissance, classement et inscription. (Loi, art. 38 à 43. — Règlement, art. 82 à 89, pages 135 à 140.)

3° En ce qui concerne l'administration seule :

La répartition préalable dans les corps d'armée du contingent disponible en animaux et voitures. Loi, art. 44, page 141)

DEUXIÈME PARTIE.

Pour la période qui suit l'ordre de mobilisation et pour l'exécution de la réquisition :

Dispositions communes aux administrations militaire et civile :

Avis de l'ordre de mobilisation à donner par l'autorité militaire aux maires ;

Avis à donner aux propriétaires par les maires. (Loi, art. 45. — Règlement, art. 90 à 93, page 142.)

Présentation à l'autorité militaire des animaux et voitures réquisitionnés, leur réception, leur paiement (Loi, art. 45 à 50. — Règlement, art. 94 à 104, page 144.)

TROISIÈME PARTIE.

Dispositions pénales. — (Loi, art. 51 à 59, page 149.)

Nous ne nous arrêterons pas plus longtemps sur l'utilité des dispositions de ce titre dont les travaux des commissions mixtes renferment tous les éléments de réussite et assurent à la mobilisation le puissant concours d'un ensemble d'organisation éprouvée.

TITRE IX

Dispositions spéciales aux grandes manœuvres.

(Loi, art. 54. — Règlement, art. 105 à 113.)

Nous nous trouvons ici en dehors de l'application des principes que nous avons posés en examinant au commencement de notre étude les cas de mobilisation partielle ou rassemblements. — Il ne s'agit dans la loi que des dégâts matériels occasionnés par le passage ou le séjour des troupes. Nos explications se résumeront donc en un rapide aperçu des dispositions employées dans la pratique pour ces grandes opérations déterminées à l'avance, circonscrites dans une région délimitée, devant avoir lieu dans une période d'une durée convenue à l'avance.

L'époque et la durée des grandes manœuvres, la désignation des corps d'armée ou fraction de corps d'armée qui y prendront part, le territoire sur lequel les manœuvres seront exécutées, sont déterminés chaque année par le Ministre de la Guerre.

Lorsque les Commandants de régions connaissent l'arrêté du Ministre, ils en préviennent, trois semaines au moins avant l'époque fixée pour le commencement des manœuvres, les Préfets des départements dont le territoire est compris dans la zone désignée pour ces opérations militaires.

Le Préfet est averti, il connaît les localités qui seront ou pourront être traversées, il prévient à son tour les Maires de ces communes et leur rappelle qu'ils ont à faire publier et afficher immédiatement :

1° L'époque et la durée des manœuvres ;

2° L'invitation aux propriétaires de vignes ou de terrains ensemencés ou non encore récoltés de les indiquer par un signe apparent ;

3° L'avis aux habitants de déposer dans les trois jours qui suivent le passage ou le départ des troupes, leurs réclamations, s'ils en ont à faire, à la mairie, et que, passé ce délai, ils seraient déchus de leurs droits.

Une commission spéciale ayant pour mission d'évaluer les dommages et de fixer les indemnités, composée d'un fonctionnaire de l'intendance président, d'un officier de gendarmerie et d'un membre civil désigné par le Préfet pour remplir ce poste, est attachée à chaque corps d'armée opérant isolément. Elle accompagne les troupes et suit leurs opérations, peut reconnaître à l'avance le terrain et prendre dès lors les mesures de précaution qu'elle jugerait convenables.

Au fur et à mesure de l'exécution des manœuvres, elle se rend dans les localités traversées ou occupées, en prévenant le Maire de son passage pour qu'il puisse dresser un état individuel, mentionnant la nature du dommage, la date de la réclamation et la somme réclamée.

La Commission règle, séance tenante, les indemnités à allouer, et les fait payer à ceux qui acceptent immédiatement par un officier comptable muni d'avances de fonds et adjoint à la Commission. (*Voir Formules, dernier tableau.*)

Au contraire, ses offres ne sont-elles pas acceptées séance tenante, la Commission fait mention sur son procès-verbal du refus et de ses motifs et elle y joint tous renseignements à l'appui du chiffre qu'elle a fixé.

Elle remet un extrait du procès-verbal au Maire de la commune qui réitère les offres par voie de notification pour mettre en demeure les intéressés d'avoir à faire connaître dans le délai de quinzaine leur refus ou leur acceptation.

A l'expiration de ce délai, le maire consigne sur l'état qui lui a été remis les réponses faites et le retourne au fonctionnaire de l'Intendance président, qui assure le paiement des indemnités acceptées.

Pour celles refusées, nous rentrons sous l'empire de l'article 26, déterminant, suivant l'importance du dommage, la compétence du juge de paix ou des tribunaux.

Bien que la loi ne se soit pas prononcée en ce qui touche les réquisitions proprement dites, nous n'hésitons pas à en attribuer au besoin la connaissance à la Commission chargée d'évaluer les dégâts.

En temps de paix, les éléments d'appréciation sont bien plus faciles à réunir, les cours sont fixés par les mercuriales ; il n'y a donc ni difficulté ni embarras, et, d'ailleurs, les tribunaux sont là pour la sauvegarde des parties intéressées.

Nous sommes donc d'avis de suppléer au silence de la loi par l'extension des attributions de la Commission à l'estimation des réquisitions de toute nature qui seraient faites pendant le cours des grandes manœuvres, s'il y a lieu.

L'examen de ce dernier titre (1) nous a conduit à reconnaître avec quelle vigilance le législateur a cherché à alléger le plus possible pour les populations les troubles que peuvent amener avec elles les grandes manœuvres en instituant une commission chargée de veiller aux propriétés, de reconnaître et de réparer dans le délai le plus rapide les dommages qui viendraient à se produire. Il ne s'est pas servi du rouage de la commission départementale dont l'évaluation est nécessairement plus lente par les moyens d'information qui ne sont plus les mêmes, réservant son fonctionnement pour les réquisitions proprement dites en temps de guerre. En un mot, le législateur, comme nous l'avons déjà pu remarquer pour les prestations à fournir (page 22), a eu soin de limiter au strict nécessaire les réquisitions autorisées en tenant compte du grand principe dominant l'institution des grandes manœuvres : c'est-à-dire l'apprentissage en temps de paix, par l'habitant comme par l'armée, du temps de guerre (2).

(1) L'article 55 a trouvé place page 60 dans les explications relatives au règlement des indemnités.

(2) L'art. 56 servira nécessairement d'introduction à la 2e partie comprenant l'étude de la législation (page 80).

DEUXIÈME PARTIE

LÉGISLATION

Dans cette partie exclusivement consacrée à la législation suivie en matière de réquisitions, nous prendrons soin d'indiquer les sources authentiques auxquelles se peuvent puiser tous renseignements relatifs à la confection de la dernière loi qui, ainsi que nous le dit dans un rapport aussi consciencieux que sorti d'une plume autorisée M. le baron Reille, répond à un besoin d'unification dans les lois éparses qui, avec les coutumes nouvelles, étaient devenues d'une application difficile, d'une rédaction souvent hâtive et confuse, dictée par des besoins passagers et contenant des dispositions inefficaces pour l'armée ou lourdes pour les habitants.

C'est cette coordination qui porte notamment :

Sur le titre V du décret du 10 juillet 1791 concernant la conservation et le classement des places de guerre et postes militaires, la police des fortifications et autres objets y relatifs. (Titre V du logement des troupes.)

Décret loi du 26 avril 1792, relatif au transport des convois militaires.

Décret loi du 23 mai 1792, relatif au logement et casernement des troupes et des fonctionnaires militaires.

Décret loi du 2 septembre 1792 relatif à l'approvisionnement des ports.

Décret loi du 13 décembre 1792, relatif aux subsistances et fournitures pour les armées.

Décret loi du 19 brumaire an III, relatif aux réquisitions de denrées, subsistances et autres objets de nécessité publique.

Loi du 28 février 1815 qui autorise le gouvernement à assurer pendant l'année 1815 par voie de réquisition les subsistances des armées et les transports militaires.

Décret du 11 novembre 1870 sur l'organisation et l'exécution des travaux relatifs à l'artillerie de la garde nationale mobilisée.

Décret du 22 novembre 1870 déterminant les moyens à employer pour réaliser promptement la construction de batteries d'artillerie.

Décret du 28 novembre 1870, attribuant aux ingénieurs des ponts et chaussées et des mines en mission pour la défense, des droits de correspondance et de réquisition.

Loi du 1ᵉʳ août 1874 relative à la conscription des chevaux.

Toutes dispositions aujourd'hui abrogées par l'article 56 de la loi du 3 juillet 1877.

C'est cette dernière loi qui nous occupe. Nous retracerons ses diverses phases renvoyant pour l'étude historique des législations précédentes aux premières pages du rapport de M. le baron Reille où se trouve une analyse en traits rapides et frappants de la législation antérieure en matière de réquisition.

Le projet de loi, qui deviendra plus tard la loi du 3 juillet 1877, est présenté à la Chambre des députés par M. le général de Cissey, alors ministre de la guerre, qui le dépose à la tribune dans la séance du 21 mars 1876. (*Officiel* du 22 mars 1876.)

L'exposé des motifs qui précède le projet de loi exprime un vœu, celui de voir combler une lacune dans la législation française; il rappelle les nécessités que créent les lois nouvelles de la guerre et après avoir retracé les raisons d'ordre majeur qui justifient l'exigence du droit de réquisition, il recherche les moyens d'en unifier la réglementation en mettant à côté du sacrifice demandé à l'habitant au nom des intérêts de la défense du pays, l'indemnité qui le dédommagera matériellement. Le projet du gouvernement introduit une innovation, il institue des commissions mixtes chargées de l'évaluation des indemnités pour rendre plus rapide et plus sûre la liquidation dans l'intérêt de l'État comme dans celui des particuliers; mais il n'admet encore pour les réclamations que la voie de recours au Ministre avec appel devant le Conseil d'État. (Exposé des motifs. *Journal officiel* du 22 mars, p. 2,735; Annales, t. I, p. 161 annexes. — Imp. de la Chambre des députés n° 21.)

L'examen du projet est confié à une Commission composée de MM. Bel (Savoie), Tezenas, Rouvier, baron Reille, Cherpin, Étienne de Ladoucette, général de Chanal, Bellé (Indre-et-Loire), Lorois, Billy et Jametel. (Imprimerie de la Chambre des députés, feuilleton 20, — *Journal officiel* du 1er avril, page 2,328.)

M. Cherpin est élu président, et M. le baron Reille, secrétaire, est nommé rapporteur.

Au cours des travaux de la Commission, se produit une proposition de loi de MM. Magniez, Mollien, le comte de Douville-Maillefeu, Labitte, Barni, Deusy, François Brasme, Florent-Lefebvre, Fouquet, Parsy, Desmoutiers, Jametel, Ménier, Guichard, Joigneaux, Leroux, Villain, Patissier, Cornil Devaux, Pierre Legrand, Charles Mention, Horteur, Malezieux, Ratier, Levert, Ricot, Vitalis, de Valady, Joos, tendant à modifier l'article 2 de la loi du 8 août 1874, sur la conscription des chevaux. (Imp. de la Chambre des députés, n° 48; An., t. I, page 223, annexes. —

Journal officiel du 15 avril 1877, page 2,740.)

Sa présentation (séance du 30 mars 1876, Annales, t. I, page 329. *Journal officiel* du 31 mars, pages 2,282) soulève un incident qui amène le ministre à la tribune et provoque de sa part une réponse sous forme de déclaration justifiant, par une mesure d'économie, l'application de la loi du 8 août 1874 contre laquelle on vient réclamer.

Le 1er juin, M. Pierre Legrand fait un rapport sommaire sur la proposition et conclut à sa prise en considération. — (Imp. de la Chambre des députés, n° 158 ; An., t. II, page 148 annexes. — *Journal officiel* du 7 juin 1876, pages 3,920,)

A la séance du 6 juin, un vote confirme les conclusions de la Commission. La prise en considération est adoptée sans discussion, puis la proposition est renvoyée à la Commission des réquisitions militaires sur la demande de M. Cherpin, président de cette Commission, d'accord avec M. Magniez, l'un des signataires et le général de Cissey, ministre de la guerre, qui appuie le renvoi parce qu'il y voit une simplification très heureuse pour l'administration de la guerre, pour les mairies et pour les habitants qui n'auraient plus besoin de consulter plusieurs textes de lois pour connaître toute l'étendue de leurs obligations. — (Séance du 6 juin 1876. *Journal officiel* du 7 juin, page 3,904. — Imp. de la Chambre des députés; Annales, t. II, page 292.)

A la suite du renvoi de la proposition à la Commission des réquisitions et de la prise en considération, le gouvernement dépose, le 26 juin, un texte nouveau modificatif de celui présenté le 21 mars, du titre VII contenant les dispositions relatives aux chevaux, mulets, voitures et harnais nécessaires à la mobilisation. — (Imp. de la Chambre des députés, n° 233; Annales, t. III, annexes pages 155. — *Journal officiel* du 5 juillet 1876, page 4,853.)

La Commission de la loi sur les réquisitions militaires, saisie au cours de ses travaux de la proposition dont nous venons de parler et de la nouvelle rédaction du titre VII du projet de loi, les comprend dans son rapport par l'organe de M. le baron Reille à la séance du 27 juillet. Nommée aux derniers jours de mars, la Commission avait terminé en moins de trois mois ses importants travaux qui ont trouvé dans M. le baron Reille un habile et éloquent défenseur.

Le rapport, après une étude historique d'une recherche très intéressante, examine une à une les dispositions de la loi nouvelle, les analyse avec soin, s'efforçant d'en faire bien saisir le sens, relate les discussions qui se sont élevées an sein de la Commission ou plutôt l'échange d'explications auxquelles ont donné lieu certains passages qui sont sortis modifiés par la Commission, notamment l'abandon des juridictions contentieuses du Conseil d'État et du Conseil de Préfecture pour la compétence des cours et tribunaux ordinaires. Document très précieux à consulter, le rapport de M. le baron Reille est assurément un des meilleurs et plus utiles commentaires de la loi. — (Imp. de la Chambre des députés, n° 380 ; Annales, t. IV, page 205, annexes. — *Journal officiel* des 19 et 20 août 1876, pages 6,477 et 6,502.)

Dès le début de la session ordinaire de 1877, le projet de loi vient en discussion à la Chambre des députés. Le 6 février s'ouvre la première délibération, et la discussion générale est close sans qu'aucun orateur prenne la parole. L'article 5 amène M. le colonel Denfert-Rochereau à la tribune pour demander des explications sur la portée du § 2 relatif à la nourriture journalière des officiers et soldats logés chez l'habitant, conformément à l'usage du pays. M. le Rapporteur lui répond en retraçant les explications recueillies par les soins de la Commission sur le point précis qui occupe M. le colonel Denfert-Rochereau. Ce dernier déclare recevoir pleine satisfaction et retire son amendement.

Au sujet de l'article 23, M. le colonel Denfert-Rochereau demande un remaniement dans la rédaction et, sous ces réserves acceptées par M. le Rapporteur, retire son amendement.

L'article 35 (Réquisitions de l'autorité maritime) appelle encore l'attention de M. le colonel Denfert-

Rochereau ; il sollicite du rapporteur une explication de textes que M. le baron Reille s'empresse de lui apporter et qui donne toute satisfaction au colonel qui retire son amendement sur l'article 35.

Au moment du vote de l'article 38, M. Magniez, l'un des auteurs de la proposition prise en considération et renvoyée à la Commission déclare avoir reçu toute satisfaction d'elle et retirer l'amendement qu'il avait présenté avec son collègue, M. Mollien.

Sans autre discussion que les explications échangées que nous venons de signaler, la Chambre décide qu'elle passera à une seconde délibération, — (Séance du 6 février. *Journal officiel* du 7 février 1877, pages 969 à 974. — Imp. de la Chambre des députés; Annales, t. I, 1877, pages 236 à 245.)

A la séance du 20 février, la loi revient en seconde délibération. M. Laisant élève diverses critiques contre le projet qu'il déclare cependant devoir voter malgré les imperfections qu'il vient de mettre sous les yeux de la Chambre ; M. le baron Reille répond à l'argumentation de son contradicteur en regrettant l'heure tardive à laquelle se placent des observations que la Commission eût entendues et discutées très volontiers ; puis il reprend les points, objets des critiques de M. Laisant et indique les raisons déterminantes qui ont amené la Commission à adopter les dispositions qu'il vient défendre, parce que l'œuvre de la Commission est une œuvre qu'elle pense avoir faite bonne en apportant tous ses efforts à sauvegarder deux grands intérêts : celui de l'État et de l'armée à qui elle a voulu donner tout ce qui était nécessaire et celui des particuliers qu'elle a tenu à défendre contre des demandes hâtives injustifiées et à dédommager par de justes indemnités.

M. Laisant résume sa pensée en un amendement qui a pour objet la suppression dans l'article premier du mot : « ou de rassemblement de troupes. » L'orateur développe en quelques mots son amendement qui résume de son propre aveu son argumentation précédente. Son objectif est donc la suppression en temps de paix du droit d'exercer des réquisitions.

M. le général Berthaut, ministre de la guerre, maintient la rédaction de l'article premier et insiste sur la nécessité d'exécuter la loi sur les réquisitions pendant les grandes manœuvres. Les raisons qu'il en donne sont très claires, très précises et entraînent, malgré une courte réplique de M. Laisant, le rejet de la prise en considération de son amendement.

Deux amendements de MM. Margaine et Faye, tendant à substituer aux mots « en cas de négligence ou de mauvais vouloir », les mots « en cas de refus » dans les articles 20 et 21 acceptés par la commission, lui sont renvoyés pour modifier la rédaction et la mettre en harmonie avec le reste des articles.

L'article 26 reçoit de M. le Rapporteur un complément d'explications sur les modifications apportées à sa rédaction par la commission, pour plus de clarté et de précision dans la loi.

Sur l'article 45, M. le Rapporteur ajoute quelques mots d'explications pour éviter une interprétation trop limitative de l'article.

Tous les autres articles sont maintenus ou adoptés avec de légères modifications sans autre discussion et le renvoi du vote sur l'ensemble du projet n'est motivé que par la modification acceptée des amendements de MM. Margaine et Faye sur les articles 20 et 21. — (Séance du 20 février. *Journal officiel* du 21 février 1877, p. 1,317. — Imp. de la Chambre des députés; Annales, t. II, p. 4.)

A la séance suivante, 22 février, M. le baron Reille fait le rapport verbal sur les amendements de MM. Margaine et Faye et soumet à la Chambre la nouvelle rédaction qui est adoptée et qui est suivie du vote sur l'ensemble du projet de loi. — (Séance du 22 février. *Journal officiel* du 23 février 1877, p. 1,375. — Imp. de la Chambre des députés; Annales, t. II, session 1877, p. 32.)

La loi ainsi votée à la Chambre des députés le 22 février 1877, est apportée au Sénat le 16 mars par M. le général Berthaut, ministre de la guerre. — (Séance du 16 mars. *Journal officiel* du 17 mars 1877, p. 2,013. — Imp. du Sénat, n° 63; Annales, t. II, p. 428. — *Journal officiel* du 5 avril 1877, p. 2,663.)

Le 24 mars, la Commission est nommée et se constitue immédiatement. Elle se compose de MM. le général de Cissey, *Président*, colonel comte d'Andlau, *Secrétaire*, colonel comte Octave de Bastard, *Rapporteur*, général Billot, Magnin, général Riffault, comte Rampon, général d'Andigné, général d'Aurelle de Paladines. — (*Journal officiel* du 25 mars 1877, p. 2,365.)

Le rapport confié à la plume élégante de M. le colonel de Bastard est un exposé très précis des dispositions de la loi; il définit avec une netteté remarquable les principes qui leur servent de bases et constitue avec le rapport de M. le baron Reille et l'exposé des motifs de M. le général de Cissey un ensemble de documents qui, assurément, resteront comme la préface de la loi du 3 juillet 1877 et seront consultés comme en étant les plus sérieux commentaires par tous ceux qui, comme nous, y puiseront d'utiles enseignements pour leurs travaux. — (Imp. du Sénat, n° 100; Annales, t. III, p. 97.—*Journal officiel* du 24 mai 1877, pp. 3,960, à 3,980.)

Déposé dans la séance du 7 mai. (*Journal officiel* du 8 mai 1877, p. 3,374), le rapport de M. le comte de Bastard vient en discussion le 16 juin, dans les premiers jours de la reprise des séances, en première délibération. — (Sénat, séance du 16 juin. *Journal officiel* du 17 juin 1877, pp. 4,434 à 4,438. — Annales, t. III, p. 57 à 69).

Sur la demande du général Billot, membre de la Commission et sur les instances du général de Cissey, Président, le Sénat déclare l'urgence. Un débat s'engage entre M. Valentin et le Président du Sénat sur la demande d'urgence introduite au au cours de la discussion. Les observations ont pour but de revenir sur le vote des trois premiers articles adoptés en première délibération, avant que la demande d'urgence qui a pour objet de supprimer la deuxième délibération, se soit produite. Satisfaction lui est donnée.

M. le colonel Meinadier présente un amendement tendant à supprimer de l'article premier les mots : « Rassemblement de troupes. » L'auteur de l'amendement y voit un danger, craint des abus et ne voudrait pas que le droit d'exercer des réquisitions pût être accordé en temps de paix, lors des rassemblements de troupes. M. le colonel comte de Bastard, Rapporteur, répond et démontre en un langage ferme et précis que, loin d'y rencontrer les dangers et les abus que craint le colonel Meinadier, la concentration des troupes par un rassemblement inopiné nécessitera l'emploi des réquisitions en ce qui concerne le logement, les transports et dans les premiers jours la nourriture, qu'elles auront pour effet d'éviter de livrer les approvisionnements aux hasards du marché et aux aléas de la spéculation. Il ajoute qu'il est impossible de ne pas l'accorder pour les grandes manœuvres, où l'exercice du droit de réquisition se portera en particulier sur le cantonnement des troupes et aura pour principal objet d'assurer l'instruction des corps de troupes ainsi que des services administratifs eux-mêmes, la préparation et l'exécution des réquisitions étant matière extrêmement difficile et demandant une grande habitude.

M. le Rapporteur rappelle que le cantonnement a, jusqu'à présent, été exécuté en dehors de toute loi et que les populations s'y sont prêtées avec la plus grande facilité, d'où il résulte que la situation des habitants, si l'on considère les articles 2 et 15 de la loi est devenue bien meilleure, et, par voie de conséquence, donnera encore moins lieu à des difficultés.

Il conclut au rejet de la prise en considération de l'amendement et l'adhésion du Sénat qui maintient par son vote l'article premier.

Le principe attaqué déjà dans l'autre Chambre par l'amendement de M. Laisant, repris sans plus de succès par le colonel Meinadier devant le Sénat est bien définitivement consacré : Le droit de réquisition, sous les conditions déterminées par la loi, s'ouvre en temps de paix comme en temps de guerre.

A l'occasion de l'article 26, M. Bozérian, qui avait présenté un amendement, déclare le retirer en faisant ses réserves pour le reproduire plus tard sous forme de proposition de loi. M. le Rapporteur accepte les réserves de M. Bozérian, rappelant que la Commission est d'accord avec l'honorable sénateur sur la gratuité à accorder pour le timbre et les droits d'enregistrement des actes faits en exécution de la loi. Toutefois, il s'associe à la pensée de retrait, dans le but de ne pas entraver le vote de la loi.

Tous les autres articles sont successivement mis aux voix et, après de courtes observations ou, pour mieux dire, protestations de M. Valentin, qui déclare voter contre le projet, la loi est adoptée au scrutin public par 215 voix contre 10 sur 225 votants. (Séance du 16 juin. *Journal officiel* du 17 juin 1877, p. 4,438. — Annales, t. III, p. 69.)

La proposition de loi dont nous venons d'indiquer l'objet a été présentée au début de la session de 1878, par M. Bozérian qui, dans la première délibération, rappelle les promesses de la Commission. M. le colonel comte de Bastard confirme à nouveau l'assentiment que donne la commission à l'excellente mesure proposée par M. Bozérian et l'article unique qui la renferme est voté sans difficulté en première délibération.

Venue en deuxième délibération à la séance du 7 mars 1878 la proposition de loi est adoptée au scrutin après les explications très complètes que M. Bozérian donne lui-même sur une différence avec la première rédaction de la proposition. Il s'agit des mots *dispensé du timbre* au lieu de : *visa pour timbre*, ce qui est préférable, car un visa pour timbre délivré gratis entraîne un travail d'un côté et une perte de temps de l'autre, sans objet aucun. — Première délibération. Séance du 1er mars. (*Journal officiel* du 2 mars.) — Deuxième délibération et vote. Séance du 7 mars (*Journal officiel* du 8 mars 1878.)

La Chambre a, par son vote dans la séance du 9 novembre 1878, adopté la proposition qui forme désormais le complément de l'article 26.

Votée par la Chambre des députés le 22 février, adoptée par le Sénat le 16 juin 1877, la loi sur les réquisitions militaires paraît à l'*Officiel* le 6 juillet (*Journal officiel* du 6 juillet 1877, pp. 5053 à 5056) et portera désormais la date de sa promulgation, 3 juillet 1877. (*Bulletin des lois*, année 1877, 2e semestre, n° 546.)

Avec la promulgation qui est la consécration définitive de la loi se termine notre deuxième partie qui, après avoir retracé les diverses phases de l'étude et de la discussion devant les deux Chambres établit à ce jour l'état précis de la législation sur les réquisitions militaires.

TROISIÈME PARTIE

TEXTES

Cette troisième partie comprend le texte de la loi du 3 juillet 1877 que nous avons placé en tête des articles du règlement qui s'y rapportent, afin d'en rendre la comparaison plus aisée en rapprochant les deux textes l'un de l'autre et en les reproduisant en caractères différents.

A la suite des articles, nous avons réuni pour plus de facilité par tableaux les formules établies en exécution du règlement et nous appelons l'attention sur les notes que nous y avons placées sous les titres : *Légende* et *application* dont l'objet est de préciser l'emploi des formules en donnant les indications voulues pour les remplir conformément aux dispositions de la loi.

LOI DU 3 JUILLET 1877

Règlement d'administration publique du 2 août 1877.

TITRE PREMIER

Conditions générales dans lesquelles s'exerce le droit de réquisition.

ARTICLE 1er. — En cas de mobilisation partielle ou totale de l'armée, ou de rassemblement de troupes, le ministre de la guerre détermine l'époque où commence, sur tout ou partie du territoire français, l'obligation de fournir les prestations nécessaires pour suppléer à l'insuffisance des moyens ordinaires d'approvisionnement de l'armée.

ART. 1er. — En cas de mobilisation totale de l'armée, l'autorité militaire peut user du droit de requérir les prestations nécessaires à l'armée, depuis le jour de la mobilisation jusqu'au moment où l'armée est remise sur le pied de paix.

ART. 2. — En cas de mobilisation partielle ou de rassemblement de troupes, pour quelque cause que ce soit, des arrêtés du ministre de la guerre déterminent l'époque où pourra commencer et celle où devra se terminer l'exercice du droit de réquisition, ainsi que les portions de territoire où le droit de réquisition pourra être exercé.

Ces arrêtés sont publiés dans les communes.

Art. 2. — Toutes les prestations donnent droit à des indemnités représentatives de leur valeur, sauf dans les cas spécialement déterminés par l'art. 15 de la présente loi.

Art. 3. — Le droit de requérir appartient à l'autorité militaire.

Les réquisitions sont toujours formulées par écrit et signées.

Elles mentionnent l'espèce et la quantité des prestations imposées et, autant que possible, leur durée.

Il est toujours délivré un reçu des prestations fournies.

Art. 3. — Lorsque la mobilisation totale est ordonnée, les généraux commandant des armées, des corps d'armée, des divisions ou des troupes ayant une mission spéciale peuvent de plein droit exercer des réquisitions.

Ils peuvent déléguer le droit de requérir aux fonctionnaires de l'intendance ou aux officiers commandant des détachements.

Art. 4. — En cas de mobilisation partielle ou de rassemblement de troupes, la faculté d'exercer des réquisitions dans les limites prévues à l'article 2 du présent décret, n'appartient de plein droit qu'aux généraux commandant les corps d'armée mobilisés ou les rassemblements de troupes.

Le droit de requérir peut être délégué par eux aux fonctionnaires de l'intendance ou aux officiers commandant des détachements.

Art. 5. — Les ordres de réquisition sont détachés d'un carnet à souche qui est remis à cet effet entre les mains des officiers appelés à exercer des réquisitions.

6

Art. 6. — Les généraux désignés dans les articles 3 et 4 du présent décret peuvent remettre aux chefs de corps ou de service des carnets à souche d'ordres de réquisition contenant délégation du droit de requérir, pour être délivrés par ces chefs de corps ou de service aux officiers sous leurs ordres qui pourraient être éventuellement appelés à exercer des réquisitions.

Art. 7. — Les reçus délivrés par les officiers chargés de la réception des prestations fournies sont extraits d'un carnet à souche qui est fourni par l'autorité militaire comme les carnets d'ordre de réquisition.

Art. 8. — Exceptionnellement, et seulement en temps de guerre, tout commandant de troupe ou chef de détachement opérant isolément peut, même sans être porteur d'un carnet de réquisitions, requérir, sous sa responsabilité personnelle, les prestations nécessaires aux besoins journaliers des hommes et des chevaux placés sous ses ordres.

Art. 4. — Un règlement d'administration publique déterminera les conditions d'exécution de la présente loi, en ce qui concerne la désignation des autorités ayant qualité pour ordonner ou exercer les réquisitions, la forme de ces réquisitions et les limites dans lesquelles elles pourront être faites.

Art. 9. — Les réquisitions ainsi exercées sont toujours faites par écrit et signées; elles sont établies en double expédition, dont l'une reste entre les mains du maire et l'autre est adressée immédiatement, par la voie hiérarchique, au général commandant le corps d'armée. Il est donné reçu des prestations fournies.

Art. 10. — L'officier qui a reçu délégation du droit de requérir doit, après avoir terminé la mission pour laquelle il avait reçu cette délégation, remettre immédiatement son carnet d'ordres de réquisition à son chef de corps ou de service, qui le fait parvenir à la commission chargée du règlement des indemnités.

TITRE II

Des prestations à fournir par voie de réquisition.

ART. 5. — Est exigible par voie de réquisition la fourniture des prestations nécessaires à l'armée et qui comprennent notamment :

1° Le logement chez l'habitant et le cantonnement pour les hommes et pour les chevaux, mulets et bestiaux, dans les locaux disponibles, ainsi que les bâtiments nécessaires pour le personnel et le matériel des services de toute nature qui dépendent de l'armée ;

ART. 11. — Les officiers qui peuvent être appelés à requérir le logement chez l'habitant, ou le cantonnement de troupes sous leurs ordres, doivent consulter les états dressés en exécution de l'article 10 de la loi du 3 juillet 1877 et des articles 23 et suivants du présent décret, et ne réclamer dans chaque commune le logement que pour un nombre d'hommes et de chevaux inférieur ou au plus égal à celui qui est indiqué par lesdits tableaux.

2° La nourriture journalière des officiers et

soldats logés chez l'habitant conformément à l'usage du pays ;

Art. 12. — Lorsque des troupes sont logées chez l'habitant et que celui-ci est requis de leur fournir la nourriture, il ne peut être exigé une nourriture supérieure à l'ordinaire de l'individu requis.

3° Les vivres et le chauffage pour l'armée, les fourrages pour les chevaux, mulets et bestiaux ; la paille de couchage pour les troupes campées ou cantonnées ;

Art. 13. — L'officier commandant un détachement qui réquisitionne dans une commune des fournitures en vivres, denrées ou fourrages pour la nourriture des troupes ou des chevaux sous ses ordres, doit mentionner sur la réquisition la quantité de rations requises et la quotité de la ration réglementaire.

4° Les moyens d'attelage et de transport de toute nature, y compris le personnel ;

Art. 14. — Quand il y a lieu de requérir des chevaux, voitures ou harnais pour des transports qui doivent amener un déplacement de plus de cinq jours avant le retour des chevaux et voitures, il est procédé, avant la prise de possession, à une estimation contradictoire faite par l'officier requérant et le maire.

Art. 15. — Si des chevaux ou voitures, requis pour accompagner un détachement ou convoi, sont perdus ou endommagés, le chef du détachement ou convoi doit délivrer au conducteur un certificat constatant le fait.

Il y joint son appréciation des causes du dommage, et, si l'estimation préalable n'a pas eu lieu, une évaluation de la perte subie.

Art. 16. — En cas de refus de l'officier du détachement ou du convoi de délivrer les pièces mentionnées à l'article précédent, le conducteur des chevaux et voitures endommagés devra s'adresser immédiatement au juge de paix, ou, à défaut du juge de paix, au maire de la commune où s'est produit le dommage, pour en faire constater les causes et la valeur.

5° Les bateaux ou embarcations qui se trouvent sur les fleuves, rivières, lacs et canaux ;

6° Les moulins et les fours ;

7° Les matériaux, outils, machines et appareils nécessaires pour la construction ou la réparation des voies de communication, et, en général, pour l'exécution de tous les travaux militaires ;

Art. 17. — Toutes les fois qu'il est fait une réquisition d'outils, matériaux, machines, bateaux, embarcations en dehors des eaux maritimes, etc., pour une durée de plus de huit jours, il est procédé, avant l'enlèvement desdits objets, à une estimation faite contradictoirement par l'officier requérant et le maire de la commune.

S'il est, plus tard, restitué tout ou partie desdits objets, procès-verbal est dressé de cette restitution, ainsi que des détériorations subies, et mention en est faite sur le reçu primitivement délivré, auquel le procès-verbal est annexé.

Art. 18. — Si la réquisition de moulins a pour objet d'en attribuer temporairement à l'autorité militaire l'usage exclusif, il est procédé, avant et après la prise de possession,

6.

à une constatation sommaire par l'officier réquérant et le maire de la commune.

8° Les guides, les messagers, les conducteurs, ainsi que les ouvriers pour tous les travaux que les différents services de l'armée ont à exécuter;

Art. 19. — Les chefs de détachements qui requièrent des guides ou conducteurs pour accompagner les troupes doivent pourvoir à leur nourriture, ainsi qu'à celle des chevaux, comme s'ils faisaient partie de leur détachement, pendant toute la durée de la réquisition.

Art. 20. — Les guides, les messagers, les conducteurs et les ouvriers qui sont l'objet de réquisitions reçoivent, à l'expiration de leur mission, un certificat qui en constate l'exécution et qui est délivré : pour les guides, par les commandants de détachements ; pour les messagers, par les destinataires ; pour les conducteurs, par les chefs de convois, et pour les ouvriers, par les chefs de service compétents.

9° Le traitement des malades ou blessés chez l'habitant ;

Art. 21. — Lorsqu'il y a lieu de requérir le traitement de malades ou blessés, les maires fournissent des locaux spéciaux pour le traitement desdits malades ou blessés, et, à défaut de locaux spéciaux, les répartissent chez les habitants ; mais s'il s'agit de maladies contagieuses, ils doivent pourvoir aux soins à donner dans des bâtiments où les malades puissent être séparés de la population et qui, au besoin, sont requis à cet effet.

En cas d'extrême urgence, et seulement sur des points éloignés du centre de la commune, l'autorité militaire peut requérir directement des habitants le soin des malades ou blessés ; mais cette réquisition, faite directement, ne peut jamais s'appliquer à des malades atteints de maladies contagieuses.

Art. 22. — Si des communes où des habitants sont requis de recevoir des malades ou des blessés, et si ces derniers ne peuvent pas être soignés par les médecins de l'armée, les visites des médecins civils peuvent donner droit à une indemnité spéciale.

Cette indemnité est fixée par la commission d'évaluation sur la note du médecin, certifiée par l'habitant qui a logé le malade ou le blessé ou, si faire se peut, par ce dernier lui-même, et visée par le maire de la commune.

10° Les objets d'habillement, d'équipement, de campement, de harnachement, d'armement et de couchage, les médicaments et moyens de pansement ;

11° Tous les autres objets et services dont la fourniture est nécessitée par l'intérêt militaire.

Hors le cas de mobilisation, il ne pourra être fait réquisition que des prestations énumérées aux cinq premiers paragraphes du présent article. Les moyens d'attelage et de transport, bateaux et embarcations, dont il est question aux paragraphes 4 et 5, ne pourront également être requis chaque fois, hors le cas de mobilisation, que pour une durée maximum de vingt-quatre heures.

Art. 6. — Les réquisitions relatives à l'emploi d'établissements industriels pour la fourniture de produits autres que ceux qui résultent de leur fabrication normale ne pourront être exercées que sur un ordre du ministre de la guerre ou d'un commandant d'armée ou de corps d'armée.

Art. 7. — En cas d'urgence, sur l'ordre du ministre de la guerre ou de l'autorité militaire supérieure chargée de la défense de la place, il peut être pourvu, par voie de réquisition, à la formation des approvisionnements nécessaires à la subsistance des habitants des places de guerre.

TITRE III

Du Logement et du Cantonnement.

Art. 8. — Le logement des troupes en station ou en marche chez l'habitant, est l'installation, faute de casernement spécial, des hommes, des animaux et du matériel dans les parties des maisons, écuries, remises ou abris des particuliers, reconnues, à la suite d'un recensement, comme pouvant être affectées à cet usage, et fixées en proportion des ressources de chaque particulier ; les conditions d'installation afférente aux militaires de chaque grade, aux animaux et au matériel, étant, d'ailleurs, déterminées par les règlements en vigueur.

Le cantonnement des troupes, en station ou en marche, est l'installation des hommes, des animaux et du matériel dans les maisons, établissements, écuries, bâtiments ou abris de toute nature appartenant soit aux particuliers, soit aux communes ou aux départements, soit à l'État, sans qu'il soit tenu compte des conditions d'installation attribuées en ce qui concerne le logement défini ci-dessus, aux militaires de chaque grade, aux animaux et au matériel, mais en utilisant, dans la mesure du nécessaire, la contenance des locaux, sous la réserve toutefois que les propriétaires ou détenteurs conservent toujours le logement qui leur est indispensable.

Art. 9. — Aux termes de l'art. 5 ci-dessus et en cas d'insuffisance des bâtiments militaires destinés au logement des troupes dans les places de guerre ou les villes de garnison, il y est suppléé au moyen de maisons ou d'établissements loués par les municipalités, reconnus et acceptés par l'autorité militaire, ou, au moyen du logement des officiers et des hommes de troupe, chez l'habitant. Cette disposition est également applicable à la fourniture des magasins et des écuries.

Le logement est fourni de la même manière, à défaut de bâtiments militaires dans les villes, villages, hameaux et maisons isolées, aux troupes détachées ou cantonnées ainsi qu'aux troupes de passage et aux militaires isolés.

Art. 10. — Il sera fait par les municipalités un recensement de tous les logements, établissements et écuries, que les habitants peuvent fournir pour le logement ou le cantonnement des troupes, dans les circonstances spécifiées à l'art. 9.

Ce recensement sera communiqué à l'autorité militaire.

Il pourra être revisé en tout ou en partie dans les localités et aux époques fixées par le ministre de la guerre.

Art. 23. — Les maires dressent, tous les trois ans, en double expédition, sur des modèles qui leur sont transmis par les commandants de régions, un état des ressources que peut offrir leur commune pour le logement et le cantonnement des troupes.

Cet état doit distinguer l'agglomération principale et les hameaux détachés; il doit indiquer approximativement :

1° Le nombre de chambres et de lits qui peuvent être affectés au logement des officiers et le nombre d'hommes de troupes qui peuvent être logés chez l'habitant, à raison d'un lit par sous-officier et d'un lit ou au moins d'un matelas et d'une couverture pour deux soldats ;

Le nombre de chevaux, mulets, bestiaux et voitures qui peuvent être installés dans les écuries, étables ou remises;

2° Le nombre d'hommes qui peuvent être cantonnés dans les maisons, établissements, écuries, bâtiments ou abris de toute nature appartenant soit aux particuliers, soit aux communes ou aux départements, soit à l'État, sous la seule réserve que les propriétaires ou détenteurs conserveront toujours les locaux qui leur sont indispensables pour leur logement et celui de leurs animaux, denrées et marchandises.

Art. 24. — Les états dressés en exécution de l'article précédent sont adressés aux commandants de régions par l'intermédiaire du préfet.

Lorsque le ministre de la guerre veut faire opérer la revision de ces états, il charge de cette mission des officiers qui se transportent successivement dans chaque commune.

Il est donné avis aux maires de la mission confiée à ces officiers et de l'époque de leur arrivée dans les communes.

Art. 25. — Après la revision, des tableaux récapitulatifs sont imprimés ou autographiés par les soins de l'autorité militaire et tenus à la disposition des officiers généraux ainsi que des intendants militaires et des commissions de règlement des indemnités. Un extrait est envoyé par les commandants de régions aux maires des communes intéressées.

Art. 11. — Dans tous les cas où les troupes devront être logées ou cantonnées chez l'habitant, l'autorité militaire informera les municipalités du jour de leur arrivée.

Les municipalités délivreront ensuite, sur la présentation des ordres de route, les billets de logement, en observant de réunir, autant que possible, dans le même quartier, les hommes et les chevaux appartenant aux mêmes unités constituées, afin d'en faciliter le rassemblement.

Art. 26. — Lorsque les maires ont reçu l'extrait mentionné à l'article précédent, ils dressent, avec le concours des conseillers municipaux, un état indicatif des ressources de chaque maison pour le logement ou le cantonnement des troupes, d'après le nombre fixé par le tableau indiqué à l'article précédent.

Lorsqu'ils sont requis de loger ou de cantonner des militaires, ils suivent le plus exactement possible l'ordre de cet état indicatif.

Art. 12. — Dans l'établissement du logement ou du cantonnement chez l'habitant, les municipalités ne feront aucune distinction de personnes, quelles que soient leurs fonctions ou qualités.

Seront néanmoins dispensés de fournir le logement dans leur domicile les détenteurs de caisses publiques déposées dans ledit domicile, les veuves et filles vivant seules et les communautés religieuses de femmes. Mais les uns et les autres sont tenus d'y suppléer en fournissant le logement en nature chez d'autres habitants, avec lesquels ils prendront des arrangements à cet effet ; à défaut de quoi, il y sera pourvu à leurs frais par les soins de la municipalité.

Les officiers et les fonctionnaires militaires, dans leur garnison ou résidence, ne logeront pas les troupes dans le logement militaire qui leur sera fourni en nature, et lorsqu'ils seront logés en dehors des bâtiments militaires ils ne seront tenus de fournir le logement aux troupes qu'autant que celui qu'ils occuperont excèdera la proportion affectée à leur grade ou à leur emploi.

Les officiers en garnison dans le lieu de leur habitation ordinaire seront tenus de fournir le logement dans leur domicile propre, comme les autres habitants.

Art. 27. — Toutes les fois qu'un maire est obligé, par application du deuxième paragraphe de l'article 12 ou du troisième paragraphe de l'article 13 de la loi du 3 juillet 1877, de loger des militaires aux frais et pour le compte de tiers, il prend à cet égard un arrêté motivé, qui est notifié aussitôt que possible à la personne intéressée et qui fixe la somme à payer.

Le payement en est recouvré comme en matière de contributions directes.

ART. 13. — Les municipalités veilleront à ce que la charge du logement ou du cantonnement soit répartie avec équité sur tous les habitants.

Les habitants ne seront jamais délogés de la chambre et du lit où ils ont l'habitude de coucher; ils ne pourront néanmoins, sous ce prétexte, se soustraire à la·charge du logement selon leurs facultés.

Hors le cas de mobilisation, le maire ne pourra envahir le domicile des absents; il devra loger ailleurs à leurs frais.

Les établissements publics ou particuliers requis préalablement par l'autorité militaire, et effectivement utilisés par elle, ne seront pas compris dans la répartition du logement ou du cantonnement.

ART. 14. — Les troupes seront responsables des dégâts et dommages occasionnés par elles dans leurs logements ou cantonnements. Les habitants qui auront à se plaindre, à cet égard, adresseront leurs réclamations, par l'intermédiaire de la municipalité, au commandant de la troupe, afin qu'il y soit fait droit, si elles sont fondées.

Lesdites réclamations devront être adressées et les dégâts constatés, à peine de déchéance, avant le départ de la troupe, ou, en temps de paix, trois heures après, au plus tard; un officier sera laissé, à cet effet par le commandant de la troupe.

Art. 28. — S'il est reconnu que des dégâts ont été commis chez un ou plusieurs habitants par des soldats qui y étaient logés ou cantonnés, procès-verbal en est dressé contradictoirement par le maire de la commune et par l'officier chargé d'examiner la réclamation.

S'il s'agit de passage de troupes en temps de paix, le procès-verbal est remis à l'habitant, qui adresse sa réclamation à l'autorité militaire.

En cas de mobilisation, le procès-verbal sert à l'intéressé comme une réquisition ordinaire; et l'indemnité à allouer est réglée comme en matière de réquisition.

Art. 29. — En temps de guerre et en cas de départ inopiné des troupes logées chez l'habitant, si aucun officier n'a été laissé en arrière pour recevoir les réclamations, tout individu, qui croit avoir à se plaindre de dégâts commis par les soldats logés chez lui et qui n'a pu faire sa réclamation avant le départ de la troupe, porte sa plainte au juge de paix, ou, à défaut de juge de paix, au maire de la commune.

Cette plainte doit être remise moins de trois heures après le départ de la troupe.

Le juge de paix ou le maire se transporte immédiatement sur les lieux, fait une enquête et dresse un procès-verbal qui est remis à la personne intéressée, pour faire valoir ses droits comme en matière de réquisition.

Art. 30. — Toutes les fois qu'une troupe est logée ou cantonnée dans une commune, l'officier qui la commande remet au maire, avant de quitter la commune, un état indiquant l'effectif en officiers, sous-officiers, soldats, chevaux, mulets, voitures, etc., ainsi que la date de l'arrivée et celle du départ.

Il n'y a pas lieu de fournir cet état lorsqu'il s'agit de cantonnement de troupes qui manœuvrent, ou du logement ou cantonnement de militaires pendant la période de mobilisation.

ART. 15. — Le logement des troupes, en cas de passage, de rassemblement, de détachement ou de cantonnement, donnera droit à l'indemnité, conformément à l'art. 2 ci-dessus, sauf les exceptions suivantes :

1° Le logement des troupes de passage chez l'habitant ou leur cantonnement pour une durée maximum de trois nuits dans chaque mois, ladite durée s'appliquant indistinctement au séjour d'un seul corps ou de corps différents chez les mêmes habitants ;

2° Le cantonnement des troupes qui manœuvrent ;

3° Le logement chez l'habitant où le cantonnement des troupes rassemblées dans les lieux de mobilisation et leurs dépendances pendant la période de mobilisation dont un décret fixe la durée.

ART. 16. — En toutes circonstances, les troupes auront droit, chez l'habitant, au feu et à la chandelle.

ART. 31. — La commune qui réclame une indemnité pour

logement ou cantonnement de troupes doit fournir la preuve, pour chaque habitant qui réclame une indemnité, qu'il a reçu des troupes chez lui pendant plus de trois nuits dans le même mois.

ART. 32. — Les maires fournissent la preuve exigée par l'article précédent, soit au moyen de l'envoi d'un état des logements ou cantonnements imposés aux habitants appuyé des états d'effectifs dressés en exécution de l'article 30, soit au moyen des états de logement ou de cantonnement appuyés des ordres de réquisition.

Le maire indique, s'il y a lieu, les motifs qui l'ont empêché de se conformer aux prescriptions du deuxième paragraphe de l'art. 26.

ART. 33. — Lorsqu'il y a lieu d'accorder une indemnité pour logement ou cantonnement de troupes dans les conditions spécifiées par les articles 15, 17 et 18 de la loi sur les réquisitions, et 30, 31 et 32 du présent décret, le taux de l'indemnité est fixé d'après les bases ci-après :

1° *Logement.*

Par officier logé seul et par jour	1 »
Par deux officiers logés ensemble et par jour. .	1 50
Par sous-officier et par jour.	» 15
Par soldat et par jour.	» 10
Par cheval et par jour	» 05

Plus le fumier.

2° *Cantonnement.*

Par homme et par jour	» 05
Par cheval.	le fumier.

ART. 17. — Dans tous les cas où les troupes seront gratuitement logées chez l'habitant, ou cantonnées, le fumier provenant des animaux ap-

partiendra à l'habitant. Dans tous les cas où le logement chez l'habitant et le cantonnement donneront droit à une indemnité, le fumier restera la propriété de l'État, et son prix pourra être déduit du montant de ladite indemnité, avec le consentement de l'habitant.

Art. 18. — Un règlement d'administration publique fixera les détails d'exécution du logement des troupes en dehors des bâtiments militaires, notamment les conditions du logement attribué aux militaires de chaque grade.

Il déterminera, en outre, le prix de la journée de logement ou de cantonnement pour les hommes ou les animaux et le prix de la journée de fumier.

TITRE IV

De l'exécution des réquisitions.

Art. 19. — Toute réquisition doit être adressée à la commune ; elle est notifiée au maire. Toutefois, si aucun membre de la municipalité ne se trouve au siège de la commune, ou si une réquisition urgente est nécessaire sur un point éloigné du siège de la commune et qu'il soit impossible de la notifier régulièrement, la réquisition peut être adressée directement par l'autorité militaire aux habitants.

Les réquisitions exercées sur une commune ne doivent porter que sur les ressources qui y existent sans pouvoir les absorber complètement.

ART. 34. — Lorsque des détachements de différents corps ou des troupes de différentes armes se trouvent à la fois dans une commune, les réquisitions ne peuvent être ordonnées que par l'officier auquel le commandement appartient en vertu des règlements militaires.

Cette disposition ne s'applique pas aux réquisitions qui peuvent être ordonnées pour les besoins généraux de l'armée par les officiers généraux et les fonctionnaires de l'intendance.

ART. 35. — Les réquisitions sont toujours adressées au maire de chaque commune, ou, en son absence, à son suppléant légal, sauf dans les cas prévus au paragraphe 1er de l'article 19 de la loi du 3 juillet 1877 et sous réserve des peines édictées à l'article 21 de ladite loi.

ART. 20. — Le maire, assisté, sauf le cas de force majeure ou d'extrême urgence, de deux membres du conseil municipal, appelés dans l'ordre du tableau, et de deux des habitants les plus imposés de la commune, répartit les prestations exigées entre les habitants et les contribuables, alors même que ceux-ci n'habitent pas la commune et n'y sont pas représentés.

Cette répartition est obligatoire pour tous ceux qui y sont compris.

Il est délivré par le maire à chacun d'eux un reçu des prestations fournies.

Le maire prendra les mesures nécessitées par les circonstances, pour que, dans le cas d'absence de tout habitant ou contribuable, la répartition, en ce qui le concerne, soit effective.

Au lieu de procéder par voie de répartition, le maire assisté, comme il est dit ci-dessus, peut, au compte de la commune, pourvoir directement à la fourniture et à la livraison des prestations requises ; les dépenses qu'entraîne cette opération sont imputées sur les ressources générales du budget municipal, sans qu'il soit besoin d'autorisation spéciale.

Dans les cas prévus par le premier paragraphe de l'art. 19, ou lorsque les prestations requises ne sont pas fournies dans les délais prescrits, l'autorité militaire fait d'office la répartition entre les habitants.

Art. 36. — Lorsqu'un officier ne trouve aucun membre de la municipalité au siège de la commune, ou lorsqu'il est obligé d'exercer une réquisition urgente dans un hameau éloigné et qu'il n'a pas le temps de prévenir le maire, il s'adresse, autant que possible, à un conseiller municipal, ou, à son défaut, à un habitant, pour se faire aider dans la répartition des prestations à fournir.

Art. 37. — Si le maire déclare que les quantités requises excèdent les ressources de sa commune, il doit d'abord livrer toutes les prestations qu'il lui est possible de fournir. L'autorité militaire peut toujours, dans ce cas, faire procéder à des vérifications.

Lorsque celle-ci trouve des denrées qui ont été indûment

refusées, elle s'en empare, même par la force, et signale le fait à l'autorité judiciaire.

Art. 38. — Ne sont pas considérés comme prestations disponibles ou comme fournitures susceptibles d'être réquisitionnées.

1° Les vivres destinés à l'alimentation d'une famille et ne dépassant pas sa consommation pendant trois jours ;

2° Les grains ou autres denrées alimentaires qui se trouvent dans un établissement agricole, industriel ou autre et ne dépassent pas la consommation de huit jours ;

3° Les fourrages qui se trouvent chez un cultivateur et ne dépassent pas la consommation de ses bestiaux pendant quinze jours.

Art. 39. Lorsque le maire reçoit une réquisition, il convoque, sauf le cas d'extrême urgence, deux des membres du conseil municipal et deux des plus imposés dans l'ordre du tableau, en laissant de côté ceux qui habitent loin du centre de la commune.

Quel que soit le nombre des personnes qui répondent à la convocation du maire, celui-ci procède seul ou avec les membres présents à la répartition des réquisitions, et ses décisions sont exécutoires sans appel.

Art. 40. — S'il y a lieu de requérir la prestation d'un habitant absent et non représenté, le maire peut, au besoin, faire ouvrir le porte de vive force et faire procéder d'office à la livraison des fournitures requises.

Dans ce cas, il requiert deux témoins d'assister à l'ouverture et à la fermeture des locaux ainsi qu'à l'enlèvement des objets ; il dresse un procès-verbal de ces opérations.

Art. 41. — Le maire fait procéder, en sa présence ou en présence d'un délégué, à la remise aux parties prenantes des fournitures requises et s'en fait donner un reçu.

Il tient registre des prestations fournies par chaque habitant, soit en vertu de la répartition par lui faite, soit en vertu de réquisitions directes, et mentionne les quantités fournies et les prix réclamés ; il délivre des reçus aux prestataires.

Les habitants qui sont l'objet de réquisitions directes portent à la mairie les reçus qu'ils ont obtenus de l'autorité militaire et les échangent contre des reçus de l'autorité municipale.

Il en est de même des certificats qui sont délivrés aux habitants pour constater l'accomplissement d'un service requis.

Art. 42. — Si une personne requise d'un service personnel abandonne son poste, l'officier qui constate cet abandon prévient immédiatement le procureur de la République du domicile du délinquant, en lui faisant connaître le nom de ce dernier et son domicile.

Dans le cas prévu par le dernier paragraphe de l'art. 21 de la loi du 3 juillet 1877, la plainte est adressée à l'autorité militaire compétente.

Art. 21. — Dans le cas de refus de la municipalité, le maire, ou celui qui en fait fonctions, peut être condamné à une amende de vingt-cinq à cinq cents francs (25 à 500 fr.).

Si le fait provient du mauvais vouloir des habitants, le recouvrement des prestations est assuré, au besoin, par la force ; en outre, les habitants qui n'obtempèrent pas aux ordres de réquisitions sont passibles d'une amende qui peut s'élever au double de la valeur de la prestation requise.

En temps de paix, quiconque abandonne le service pour lequel il est requis personnellement est passible d'une amende de seize à cinquante francs (16 à 50 fr.).

En temps de guerre, et par application des dispositions portées à l'art. 62 du Code de justice militaire, il est traduit devant le Conseil de guerre et peut être condamné à la peine de l'emprisonnement de six jours à cinq ans, dans les termes de l'art. 194 du même Code.

ART. 22. — Tout militaire qui, en matière de réquisitions, abuse des pouvoirs qui lui sont conférés, ou qui refuse de donner reçu des quantités fournies, est puni de la peine de l'emprisonnement, dans les termes de l'art. 194 du Code de justice militaire ; tout militaire qui exerce des réquisitions sans avoir qualité pour le faire est puni, si ces réquisitions sont faites sans violence, conformément au cinquième paragraphe de l'art. 248 du Code de justice militaire.

Si ces réquisitions sont exercées avec violence, il est puni, conformément à l'art. 250 du même Code.

Le tout sans préjudice des restitutions auxquelles il peut être condamné.

ART. 23. — Dans les eaux maritimes, les propriétaires, capitaines ou patrons de navires, bateaux et embarcations de toute nature sont tenus, sur réquisition, de mettre ces navivres, bateaux ou embarcations à la disposition de l'autorité militaire, qui a le droit d'en disposer dans l'intérêt de son service et qui peut également requérir le le personnel en tout ou en partiê.

Ces réquisitions se font par l'intermédiaire de l'administration de la marine, sur les points du littoral où elle est représentée.

ART. 43. — Dans les eaux maritimes, toute réquisition de l'autorité militaire relative à l'emploi temporaire de navires, bateaux ou embarcations de commerce, et de tout ou partie de leurs équipages, est adressée au représentant de la marine, s'il y en a un dans la localité; ce dernier est, dans ce cas, substitué au maire pour l'exécution de la réquisition.

Le personnel requis reste soumis aux appels pour le service de la flotte.

Les indemnités relatives à ces réquisitions sont réglées suivant les conditions prescrites par les articles 71 et 72 du présent décret.

Il est procédé, s'il y a lieu, à l'estimation préalable des objets requis. Cette estimation est faite par un expert que désigne le représentant de la marine.

TITRE V

Du règlement des Indemnités.

ART. 24. — Lorsqu'il y a lieu, par application de l'art. 1er de la présente loi, de requérir des prestations pour les besoins de l'armée, le ministre de la guerre nomme, dans chaque département où peuvent être exercées des réquisitions, une Commission chargée d'évaluer les indemnités dues aux personnes et aux communes qui ont fourni des prestations.

Un règlement d'administration publique déterminera la composition et le fonctionnement de cette Commission, qui devra comprendre des membres civils et des membres militaires, en assurant la majorité à l'élément civil.

Art. 44.—En cas de mobilisation totale, le ministre de la guerre nomme une commission centrale qui est chargée de correspondre avec des commissions départementales d'évaluation, d'assurer l'uniformité et la régularité des liquidations et d'émettre son avis sur toutes les difficultés auxquelles peut donner lieu le règlement des indemnités.

Art. 45. — Les commissions départementales d'évaluations sont composées de trois, cinq ou sept membres, selon l'importance des réquisitions à exercer.

Le ministre de la guerre fixe ce nombre et peut déléguer au général commandant la région le soin de nommer les membres de ces commissions.

Art. 46. — Le nombre des membres civils est de deux dans les commissions composées de trois personnes, de trois dans celles qui sont composées de cinq personnes et de quatre dans celles de sept membres. Les membres civils sont nommés sur la désignation du préfet.

L'arrêté qui nomme les commissions départementales désigne en même temps le président et le secrétaire, qui peuvent être choisis parmi les membres militaires ou parmi les membres civils.

Art. 47. — La commission ne peut délibérer que s'il y a au moins trois membres présents dans les commissions composées de trois ou de cinq membres, et cinq dans celles qui sont composées de sept membres.

Les commissions d'évaluation peuvent s'adjoindre, avec voix consultative, des notables commerçants, pour l'établissement des tarifs ; elles peuvent aussi désigner des experts, pour l'estimation des dommages. Les frais d'expertise sont à la charge de l'administration.

ART. 48. — Les commissions d'évaluation établissent, pour les différents objets susceptibles d'être réquisitionnés, des tarifs qui sont arrêtés par le ministre de la guerre.

ART. 25. — Le maire de chacune des communes où il a été exercé des réquisitions, adresse, dans le plus bref délai, à la Commission, avec une copie de l'ordre de réquisition, un état nominatif contenant l'indication de toutes les personnes qui ont fourni des prestations, avec la mention des quantités livrées, des prix réclamés par chacune d'elles et de la date des réquisitions.

L'autorité militaire fixe, sur la proposition de la Commission, l'indemnité qui est allouée à chacun des intéressés.

ART. 49. — Au moyen du registre tenu en vertu de l'article 41 du présent décret, le maire, pour faire régler les indemnités qui peuvent être dues dans sa commune, dresse, suivant les objets fournis, et par service administratif, en double expédition, l'état nominatif (*modèles* A et A *bis*) de tous les habitants qui ont fourni des prestations ; il indique sur cet état la nature et l'importance des prestations fournies, la date des réquisitions et les prix réclamés. Il y joint son avis. L'état nominatif ainsi dressé est envoyé à la commission d'évaluation, par l'intermédiaire du préfet.

Le maire y joint les ordres de réquisition et les reçus de

l'autorité militaire, ainsi que les certificats d'exécution de service requis et les procès-verbaux de dégâts ou d'estimation, s'il y a lieu.

Les pièces justificatives sont récapitulées dans un bordereau dressé en double expédition, dont une est renvoyée à la commune à titre de récépissé, après avoir été visée par la commission. (Modèle E.)

Art. 50. — La commission d'évaluation donne son avis sur les prix de chaque prestation et sur les différences qui peuvent se produire entre les quantités réclamées et celles qui résultent des reçus. Elle transmet son avis au fonctionnaire de l'intendance chargé par le ministre de la guerre de fixer l'indemnité.

Art. 26. — Dans les trois jours de la proposition de la Commission, les décisions de l'autorité militaire sont adressées au maire et notifiées administrativement par lui à chacun des intéressés ou à leur résidence habituelle, dans les vingt-quatre heures de la réception.

Dans un délai de quinze jours, à partir de cette notification, ceux-ci doivent faire connaître au maire s'ils acceptent ou refusent l'allocation qui leur est faite.

Faute par eux d'avoir fait connaître leur refus dans ce délai, les allocations sont considérées comme définitives.

Le refus sera motivé et indiquera la somme réclamée.

Il est transmis par le maire au juge de paix du canton, qui en donne connaissance à l'autorité militaire et envoie de simples avertissements, sans frais, pour une date aussi prochaine que possible, à l'autorité militaire et au réclamant.

En cas de non-conciliation, il peut prononcer immédiatement ou ajourner les parties pour être jugées dans le plus bref délai.

Il statue en dernier ressort jusqu'à une valeur de deux cents francs (200 fr.) inclusivement, et en premier ressort jusqu'à quinze cents francs (1,500 fr.) inclusivement. Au-dessus de ce chiffre, l'affaire sera portée devant le tribunal de première instance.

Dans tous les cas, le jugement sera rendu comme en matière sommaire (1).

ART. 51. — Dans les délais prévus par l'article 26 de la loi du 3 juillet 1877, le fonctionnaire de l'intendance notifie au maire, et celui-ci aux intéressés, le chiffre des indemnités allouées.

Le maire leur fait connaître en même temps qu'ils doivent adresser à la mairie, dans un délai de quinze jours, leur acceptation ou leur refus.

(1) Tous les avertissements et autres actes qu'il sera nécessaire de signifier à l'autorité militaire pour l'exécution de la présente loi, le seront à la mairie du chef-lieu de canton.

(Article de la proposition de loi de M. Bozérian.) — Les procès-verbaux, certificats, significations, jugements, contrats, quittances et autres actes faits en vertu de la loi du 3 juillet 1877 sur les réquisitions militaires et exclusivement relatifs au règlement de l'indemnité, seront dispensés de timbre et enregistrés gratis lorsqu'il y aura lieu à la formalité de l'enregistrement.

Le fonctionnaire de l'intendance joint à sa notification les états mentionnés à l'article 49 du présent décret, revêtus de son visa.

Le maire inscrit sur ces états la date de la notification faite aux divers intéressés, y mentionne les réponses qu'il reçoit, et, à l'expiration du délai de quinze jours, arrête les états et en certifie l'exactitude.

Un de ces états reste à la mairie.

ART. 52. — Le maire dresse ensuite en triple expédition et par service administratif un nouvel état (*modéle* B) des allocations acceptées et de celles pour lesquelles les intéressés n'ont pas fait de réponse. Ces trois expéditions sont envoyées, avec l'original de l'état indiqué à l'article précédent, au fonctionnaire de l'intendance chargé du règlement des indemnités.

ART. 27. — Après l'expiration du délai fixé par le deuxième paragraphe de l'article précédent, le maire dresse l'état des allocations devenues définitives par l'acceptation ou le silence des intéressés.

Le montant des allocations portées sur ce tableau est mandaté collectivement, au nom de la commune par les soins de l'Intendance.

Le mandat doit être payé comptant.

En temps de guerre, le payement peut être fait en bons du Trésor, portant intérêt à 5 pour 100 du jour de la livraison.

ART. 28. — Aussitôt après le payement du mandat ou l'échéance du bon du Trésor, le Maire est tenu de mandater, et le receveur municipal est tenu de payer à chaque indemnitaire la somme qui lui revient.

Art. 53. — Lorsque le fonctionnaire de l'intendance a reçu l'état des allocations acceptées dans une commune, il doit, après vérification et dans un délai maximum de huit jours, délivrer le mandat de payement dans les conditions prévues par l'article 27 de la loi sur les réquisitions.

Le mandat est délivré au nom du receveur municipal de la commune, et il est adressé à ce fonctionnaire avec une expédition de l'état nominatif mentionné à l'article précédent et visé par l'ordonnateur.

Art. 54. — Quand le payement est fait au comptant, le receveur municipal, aussitôt après avoir touché le mandat, effectue le payement à chaque intéressé, qui émarge l'état nominatif.

Art. 55. — Si, par application du dernier paragraphe de l'article 27 de la loi du 3 juillet 1877, le payement a lieu en bons du Trésor, le receveur municipal encaisse le montant de ces bons à leur échéance et il fait, de concert avec le maire, la répartition des intérêts au prorata des indemnités ; il porte cette répartition sur l'état nominatif et effectue les payements comme il est indiqué à l'article précédent.

Art. 56. — Les refus d'acceptation du chiffre de l'indemnité allouée, qui sont remis aux maires dans les conditions prévues par l'article 26 de la loi du 3 juillet 1877, sont transmis par ceux-ci aux juges de paix aussitôt après l'expiration du délai de quinzaine.

Les juges de paix appellent en conciliation le fonctionnaire de l'intendance désigné à l'article 50 du présent décret et les réclamants.

Les procès-verbaux de non-conciliation pour les réclamations supérieures à 1,500 francs sont remis directement aux intéressés.

TITRE VI

Des réquisitions relatives aux chemins de fer.

Art. 29. — Dans les cas prévus par l'article premier de la présente loi, les Compagnies de chemins de fer sont tenues de mettre à la disposition du Ministre de la Guerre toutes les ressources en personnel et matériel qu'il juge nécessaires pour assurer les transports militaires. Le personnel et le matériel ainsi requis peuvent être indifféremment employés sans distinction de réseau sur toutes les lignes dont il peut être utile de se servir, tant en deçà qu'au delà de la base d'opérations.

Art. 57. — Lorsqu'il y a lieu, par application de l'art. 29 de la loi du 3 juillet 1877, de requérir la totalité des moyens de transport dont disposent une ou plusieurs compagnies de chemins de fer, cette réquisition est notifiée à chaque compagnie par un arrêté spécial du ministre des travaux publics. Son retrait lui est notifié de la même manière.

Art. 58. — En temps de guerre, les transports en deçà de la base d'opérations sont ordonnés par le ministre de la guerre et sont exécutés par les compagnies sous la direction de la commission militaire supérieure des chemins de fer. Les transports au delà de la base d'opérations sont ordonnés par le général en chef et sont exécutés par les soins de la direction militaire des chemins de fer de campagne, à l'aide d'un personnel spécial organisé militairement et d'un matériel fourni par les compagnies.

Art. 30. — L'autorité militaire peut aussi se faire livrer par les Compagnies, sur réquisition et au prix de revient, le combustible, les matières grasses et autres objets qui seront nécessaires pour le service des chemins de fer en campagne.

Art. 59. — En cas de réquisition totale, le prix des transports militaires effectués en deçà de la base d'opérations sera payé conformément aux stipulations du cahier des charges ; s'il n'existe aucune stipulation à se sujet, le prix est fixé à la moitié du tarif normal.

La réquisition totale donne, soit au ministre de la guerre et à la commission militaire supérieure des chemins de fer, soit au général en chef et à la direction militaire des chemins de fer de campagne, le droit d'utiliser pour les besoins de l'armée les dépendances des gares et de la voie et les fils télégraphiques des compagnies, sans que cet emploi puisse donner lieu à aucune indemnité nouvelle.

Art. 31. — Les dépendances des gares et de la voie, y compris les bureaux et fils télégraphiques des Compagnies, qui peuvent être nécessaires à l'Administration de la Guerre, doivent également être mis, sur réquisition, à la disposition de l'autorité militaire.

Les réquisitions seront adressées par l'autorité militaire aux chefs de gare.

Art. 60. — Les dépendances des gares et de la voie ne peuvent être réquisitionnées, en deçà de la base d'opérations, que par le ministre de la guerre, sur l'avis de la commission militaire supérieure des chemins de fer, et, au delà de la base d'opérations, que par le général en chef, sur l'avis de la direction militaire des chemins de fer de campagne.

Art. 61. — Au delà de la base d'opérations, il n'est dû aux compagnies, pour les transports effectués sur leurs réseaux, que la taxe de péage fixé conformément au cahier des charges qui régit chacune d'elles.

Art. 32. — Les réquisitions prévues par les art. 29, 30 et 31 de la présente loi sont exercées conformément aux art. 22 et suivants de la loi du 13 mars 1875, et donnent lieu à des indemnités qui seront déterminées par un règlement d'administration publique.

Art. 62. — L'emploi des machines, voitures et wagons provenant des compagnies dont la direction militaire des chemins de fer de campagne peut avoir besoin, donne lieu à une indemnité de location réglée conformément à un tarif qui sera établi par un décret rendu en conseil d'État.

Art. 63. Le matériel affecté au service de la direction militaire des chemins de fer de campagne sera préalablement inventorié. L'estimation portée à l'inventaire servira de base à l'indemnité à allouer en cas de perte, de destruction ou d'avarie.

Art. 64. — En cas de réquisition de combustibles, matières grasses et autres objets, par application de l'article 30 de la loi du 3 juillet 1877, les prix à percevoir par chaque compagnie appelée à fournir ces objets se composent : 1° du prix d'achat de ces matières ; 2° des frais de transport sur des voies étrangères à la compagnie qui les a fournis ; 3° des frais de transport sur le réseau exploité par ladite compagnie, calculés sur le pied de trois centimes par tonne et par kilomètre

Art. 33. — En temps de guerre, les transports commerciaux cessent de plein droit sur les lignes ferrées situées au delà de la station de transition fixée sur la base d'opérations.

Cette suppression ne donne lieu à aucune indemnité.

Art. 34. — Les communes ne peuvent comprendre, dans la répartition des prestations qu'elles sont requises de fournir aucun objet appartenant aux compagnies de chemins de fer.

TITRE VII.

Des réquisitions de l'autorité maritime.

Art. 35. — Les dispositions de la présente loi sont applicables aux réquisitions exercées pour les besoins de l'armée de mer.

Un règlement d'administration publique déterminera les attributions de l'autorité maritime, en ce qui concerne le droit de requérir et les conditions d'exécution des réquisitions.

Art. 65. — L'autorité maritime peut exercer des réquisitions, en cas de mobilisation totale ou partielle, comme l'autorité militaire.

En cas de mobilisation partielle, des arrêtés du ministre de la marine déterminent l'époque où pourra commencer et celle où devra se terminer l'exercice du droit de réquisition.

Art. 66. — Les vice-amiraux commandant en chef, préfets maritimes, peuvent seuls exercer de plein droit des réquisitions.

Ils peuvent déléguer le droit de requérir aux officiers des corps de la marine investis d'un commandement ou aux officiers du commissariat de la marine.

Les réquisitions de l'autorité maritime, comme celles de l'autorité militaire, sont extraites d'un carnet à souche.

Art. 67. — Exceptionnellement, tout officier de marine commandant une force navale, un bâtiment isolé ou un détachement à terre peut, même sans être porteur d'un carnet de réquisition, requérir, sous sa responsabilité personnelle, les prestations nécessaires aux navires et aux hommes qu'il commande.

Art. 68. — Les réquisitions de l'autorité maritime qui portent sur les objets énumérés dans l'article 5 de la loi du 3 juillet 1877 sont adressées aux maires, comme les réquisitions de l'autorité militaire.

Les réquisitions de navires, embarcations, matériel naval et équipages de ces bâtiments sont adressées au représentant de la marine, qui, en cette circonstance, a les mêmes droits et les mêmes devoirs que le maire.

Lorsqu'il n'y a pas de représentant de la marine, les réquisitions mentionnées au paragraphe précédent sont adressées directement au capitaine du navire.

Art. 69. — Les réquisitions de l'autorité maritime sont ordonnées et exécutées suivant les règles établies par les articles composant les titres II, III et IV du présent décret.

Art. 70. — Lorsque des troupes de l'armée de terre prennent part à une opération maritime dirigée par un officier de marine, les réquisitions relatives à ces troupes sont ordonnées au nom et pour le compte de l'autorité maritime.

Lorsque des marins ou des troupes de l'armée de mer sont employées à terre à des opérations de l'armée de terre, les réquisitions relatives à ces troupes sont exercées au nom et pour le compte de l'autorité militaire.

Art. 71. — Dans les arrondissements et sous-arrondissements maritimes où il est exercé, soit des réquisitions de l'autorité maritime, soit des réquisitions de l'autorité militaire relatives à des navires, embarcations et à leurs équipages, il est créé une commission mixte d'évaluation composée de trois, cinq ou sept membres, selon l'importance des réquisitions.

Le ministre de la marine fixe ce nombre et peut déléguer au préfet maritime le soin de nommer les membres de ces commissions.

Les articles 46 et 47 du présent décret sont applicables auxdites commissions.

Art. 72. — Toutes les fois qu'il y a lieu d'évaluer les indemnités qui peuvent être dues pour des réquisitions exercées par l'autorité militaire par application de l'article 23 de la loi du 3 juillet 1877, cette évaluation est faite par la commission indiquée dans l'article précédent, complétée par l'adjonction d'un fonctionnaire de l'intendance nommé par le ministre de la guerre, ou, sur sa délégation, par le commandant de région.

En cas de partage, la voix du président est prépondérante.

Art. 73. — Le règlement et la liquidation des indemnités relatives aux réquisitions de l'autorité maritime, s'effectuent suivant les règles établies pour les réquisitions de l'autorité militaire, sans préjudice des conventions conclues entre l'État et les compagnies propriétaires de navires.

TITRE VIII

Dispositions relatives aux chevaux, mulets et voitures nécessaires à la mobilisation.

ART. 36. — L'autorité militaire a le droit d'acquérir, par voie de réquisition, pour compléter et pour entretenir l'armée au pied de guerre, des chevaux, juments, mules et mulets, et des voitures attelées.

ART. 37. — Tous les ans, avant le 16 janvier, a lieu dans chaque commune, sur la déclaration obligatoire des propriétaires, et, au besoin, d'office, par les soins du Maire, le recensement des chevaux, juments, mules et mulets, susceptibles d'être requis en raison de l'âge qu'ils ont eu au 1er janvier, c'est-à-dire six ans et au-dessus pour les chevaux et juments, quatre ans et au-dessus pour les mulets et mules.

L'âge se compte à partir du 1er janvier de l'année de la naissance.

Tous les trois ans, avant les 16 janvier, a lieu dans chaque commune, et de la même manière que ci-dessus, le recensement des voitures attelées de chevaux et de mulets, autres que celles qui sont exclusivement affectées au transport des personnes.

SECTION PREMIÈRE. — DU RECENSEMENT.

Art. 74. — Tous les ans, au commencement de décembre, le maire fait publier un avertissement adressé à tous les propriétaires de chevaux ou mulets, qui se trouvent dans la commune, pour les informer qu'ils doivent se présenter à la mairie avant le 1er janvier, et faire la déclaration de tous les chevaux, juments, mulets ou mules qui sont en leur possession en indiquant l'âge de ces animaux.

Art. 75. — Du 1er au 15 janvier de chaque année, le maire dresse la liste de recensement des chevaux, juments, mulets et mules, prescrite par l'article 37 de la loi sur les réquisitions militaires.

La liste mentionne tous les animaux déclarés, avec leur signalement, le nom et le domicile de leurs propriétaires, sauf les exceptions ci-après :

1° Les chevaux et juments qui n'ont pas atteint l'âge de cinq ans au 1er janvier ;

2° Les mulets et mules qui n'ont pas atteint l'âge de trois ans au 1er janvier ;

3° Les chevaux, juments, mules ou mulets qui sont reconnus être déjà inscrits dans une autre commune ;

4° Les animaux qui sont reconnus avoir déjà été réformés par une commission de classement, en raison de tares, de mauvaise conformation ou d'autres motifs qui les rendent impropres au service de l'armée ;

5° Les chevaux, juments, mulets et mules qui sont reconnus avoir été refusés conditionnellement par une commission de classement, pour défaut de taille, à moins que les conditions de taille n'aient été modifiées depuis ce refus ;

6° Les animaux appartenant aux agents diplomatiques des puissances étrangères.

Art. 76. — Dans les premiers jours de janvier, le maire

fait exécuter des tournées par les gardes champêtres et les agents de polices, pour s'assurer que tous les chevaux, juments, mulets et mules ont été exactement déclarés.

Lorsqu'il est reconnu que des animaux n'ont pas été déclarés, le maire doit les porter d'office sur la liste de recensement, sans rechercher s'ils ont été réformés ou refusés.

Art. 77. — Le maire délivre au propriétaire qui a fait la déclaration prescrite par l'article 74 ci-dessus, un certificat constatant ladite déclaration et mentionnant les chevaux et mulets inscrits.

Si le propriétaire a plusieurs résidences, il droit présenter le certificat indiqué dans le paragraphe précédent au maire des communes où il ne fait pas inscrire ses chevaux ou mulets.

Art. 78. — Tous les trois ans, le maire fait la liste de recensement des voitures attelées, dans les conditions et aux époques de l'année indiquées pour le recensement des chevaux et mulets.

Le ministre de la guerre avertit les préfets deux mois avant le 1er janvier de l'année où doit se faire ce recensement.

Le préfet avertit le maire au moins six semaines avant le commencement de cette même année.

Art. 79. — Sont portées sur la liste de recensement indiquée à l'article précédent toutes les voitures non suspendues, suspendues, mixtes ou autres, qui ne sont pas exclusivement affectées au transport des personnes, pourvu que le propriétaire de ces voitures puisse les atteler dans les conditions que comporte leur forme ou leur poids, d'un cheval ou mulet, ou de deux chevaux ou mulets classés ou susceptibles d'être classés.

Art. 80. — Si un propriétaire possède plusieurs voitures et s'il ne peut fournir qu'un seul attelage, le maire porte sur la liste de recensement celle de ces voitures qui lui paraît la plus propre au service de l'armée.

Si le propriétaire peut fournir plusieurs attelages, il est porté sur la liste de recensement autant de voitures qu'il peut en atteler à la fois.

Dans ce cas, le maire veille à ce que, pour chacune des voitures recensées, il soit inscrit, suivant sa forme et son poids, un ou plusieurs animaux capables d'un bon service et inscrits sur la liste de recensement des chevaux, juments, mulets ou mules.

ART. 81. — L'état de recensement des voitures attelées contient le signalement des voitures et des animaux, ainsi que l'inscription de ces derniers sur l'état de recensement s'il n'ont pas encore été classés, ou leur numéro de classement s'ils figurent sur le dernier état de classement de la commune.

ART. 38. — Chaque année, le Ministre de la Guerre peut faire procéder, du 16 janvier au 1er mars, ou du 15 mai au 15 juin, à l'inspection et au classement des chevaux, juments, mulets ou mules recensés ou non, ayant l'âge fixé à l'article précédent.

La même opération peut être faite, aux mêmes époques, dans l'année du recensement pour les voitures attelées.

L'inspection et le classement ont lieu, en temps de paix dans chaque commune, à l'endroit désigné à l'avance par l'autorité militaire, en présence du Maire ou de son suppléant légal.

Il y est procédé par des commissions mixtes,

désignées dans chaque région par le général commandant le corps d'armée, et composées chacune d'un officier président et ayant voix prépondérante en cas de partage, d'un membre civil choisi dans la commune, ayant voix délibérative, et d'un vétérinaire militaire et d'un vétérinaire civil, ou, à défaut, d'une personne compétente désignée par le Maire, ayant voix consultative.

Il ne sera pas alloué d'indemnité au membre civil de ladite Commission.

Art. 39.—Les animaux reconnus propres à l'un des services de l'armée sont classés suivant les catégories établies au budget pour les achats annuels de la remonte, les chevaux d'officiers formant dans chaque catégorie des chevaux de selle une classe à part.

SECTION II. — DU CLASSEMENT.

§ 1er. — *Chevaux et mulets.*

Art. 82. — A moins qu'il n'en soit autrement ordonné par le ministre de la guerre, les commissions mixtes créées en vertu de l'article 38 de la loi sur les réquisitions militaires procèdent annuellement à l'examen et au classement des chevaux, juments, mulets et mules susceptibles d'être réquisitionnés pour le service de l'armée.

Art. 83. — Ces commissions de classement peuvent seules rayer de la liste de recensement les animaux compris dans les cas d'exemption prévus par les articles 40 et 42 de la loi sur les réquisitions militaires, ainsi que ceux qui leur paraissent incapables d'un service dans l'armée.

Elles doivent inscrire et classer d'office tout cheval ou mulet qui leur paraîtrait avoir été omis à tort sur la liste de recensement.

ART. 84. — Les commissions de classement dressent, par commune, un tableau des chevaux, juments, mules ou mulets susceptibles d'être requis ; ce tableau est divisé par catégories correspondant aux catégories fixées par le ministre de la guerre.

Le tableau de classement est dressé en double expédition, toutes deux signées par la commission et le maire de la commune, ou son suppléant.

Une des expéditions reste déposée à la mairie de chaque commune, et l'autre est envoyée par le président de la commission mixte au bureau de recrutement.

Les commissions de classement réforment définitivement les animaux impropres au service de l'armée, et refusent conditionnellement ceux qui n'atteignent pas le minimum de la taille fixé par les instructions, ou qui ne paraissent pas momentanément susceptibles d'être requis.

Mention de ces décisions est faite sur la liste de recensement, avec le signalement exact des animaux réformés ou refusés conditionnellement, et la liste de recensement est arrêtée et signée par le président de la commission de classement avant d'être rendue au maire.

ART. 85. — Lorsqu'un cheval ou mulet est réformé comme impropre au service de l'armée, le maire remet au propriétaire, s'il le demande, un certificat constatant la décision de la commission. Le certificat doit contenir le signalement exact et détaillé de l'animal réformé, tel qu'il est inscrit sur la liste de recensemsnt.

Le certificat de réforme ainsi obtenu est présenté au classement suivant à la mairie du lieu où se trouve le cheval, avec une attestation par écrit de deux propriétaires ou patentables voisins, ou d'un vétérinaire constatant que le cheval ou mulet réformé n'a pas été changé.

Art. 86. — Les chevaux ou mulets qui, au moment des opérations de la commission de classement, se trouvent dans une autre commune que celle où ils sont inscrits, peuvent être présentés à la commission du lieu où ils se trouvent.

~ Il est délivré au propriétaire desdits chevaux ou mulets un certificat constatant la décision de la commission.

Le propriétaire est tenu de faire parvenir ce certificat, en temps utile, à la commission du lieu de l'inscription de ses chevaux ou mulets.

Art. 40. — Sont exemptés de la réquisition en cas de mobilisation, et ne sont pas portés sur la liste de classement par catégories:

1° Les chevaux appartenant au Chef de l'État;

2° Les chevaux dont les fonctionnaires sont tenus d'être pourvus pour leur service;

3° Les chevaux entiers approuvés ou autorisés pour la reproduction;

4° Les juments en état de gestation constatée ou suitées d'un poulain, ou notoirement reconnues comme consacrées à la reproduction;

5° Les chevaux et juments n'ayant pas atteint l'âge de six ans, les mulets et mules au-dessous de quatre ans;

6° Les chevaux de l'Administration des Postes, ou ceux qu'elle entretient pour son service, par des contrats particuliers;

7° Les chevaux indispensables pour assurer le service des administrations publiques et ceux affectés aux transports de matériel nécessité par l'exploitation des chemins de fer. Ces derniers peuvent toutefois être requis au même titre que les voies ferrées elles-mêmes, conformément aux dispositions de l'art. 29 de la présente loi.

ART. 41. --Les voitures recensées sont présentées tout attelées aux Commissions mixtes qui arrêtent leur classement ainsi que celui des harnais. A l'issue de ce classement, il est procédé, en présence de la Commission, à un tirage au sort qui règle l'ordre d'appel des voitures en cas de mobilisation.

§ 2. — *Voitures attelées.*

ART. 87. — Dans l'année de recensement des voitures attelées, les commissions chargées du classement des chevaux et mulets procèdent également au classement des voitures attelées.

Sont seules classées les voitures propres à un des services de l'armée et attelées, suivant leur forme et leur poids, d'un ou plusieurs chevaux, juments, mules ou mulets capables d'un bon service et portés sur le tableau de classement des chevaux et mulets de la commune.

ART. 88. — Lorsque la commission a reconnu les voitures attelées susceptibles d'être classées, elle procède en séance publique, avec l'assistance du maire ou de son suppléant, à un tirage au sort entre lesdites voitures, par chaque commune.

Il est dressé de cette opération, et en double expédition, un procès-verbal sur lequel sont mentionnés, dans l'ordre du tirage, les voitures attelées, avec le nom des propriétaires, le signalement des chevaux et voitures et l'état des harnais.

Une des expéditions reste déposée à la mairie et l'autre est envoyée au bureau de recrutement.

ART. 89. — Le procès-verbal dressé en exécution de l'article précédent mentionne en outre la catégorie dans laquelle figurent les chevaux ou mulets faisant partie des attelages classés, ainsi que le numéro d'ordre qui leur est attribué sur le tableau de classement.

Mention est faite également sur ce tableau de ceux d'entre eux qui font partie d'attelages classés.

Art. 42. — Sont exemptées de la réquisition en cas de mobilisation, et ne sont pas portées sur la liste de classement par catégories les voitures indispensables pour assurer le service des administrations publiques et celles affectées aux transports de matériel nécessités par l'exploitation des chemins de fer. Ces dernières peuvent, toutefois, être requises au même titre que les voies ferrées elles-mêmes, conformément aux dispositions de l'art. 29 de la présente loi.

ART. 43. — Un tableau certifié par le président de la Commission mixte et par le Maire, indiquant pour chaque commune le signalement des animaux classés, ainsi que le nom de leurs propriétaires, est adressé au bureau de recrutement du ressort.

Un double de ce tableau reste déposé à la mairie jusqu'au classement suivant.

Il est dressé de la même manière un tableau de classement des voitures en double expédition ; les numéros de tirage y sont inscrits.

SECTION III. — DU MODE DE RÉQUISITION SPÉCIAL DES CHEVAUX ET VOITURES CLASSÉS.

ART. 90. — En cas de mobilisation, la réquisition des voitures attelées et des chevaux, juments, mulets et mules classés, est effectuée par des commissions mixtes.

Le ministre de la guerre détermine la composition de ces commissions, dont les membres sont nommés par les commandants de région.

Les préfets désignent, chaque année, dans les localités où pourrait s'opérer la réquisition, le nombre des membres civils nécessaire pour compléter les commissions.

ART. 91. — Les commissions mixtes de réquisition siègent en des lieux choisis et désignés à l'avance, qui forment le centre des circonscriptions de réquisition, établies également à l'avance par l'autorité militaire.

Les chevaux, mulets et voitures attelées devant être appelés par canton à ces centres de circonscription de réquisition, l'autorité militaire peut nommer plusieurs commissions destinées à opérer simultanément, de manière que les opérations relatives à un canton soient, autant que possible, terminées dans une journée.

ART. 44. — Le contingent des animaux à fournir en cas de mobilisation, dans chaque région, pour compléter et entretenir au pied de guerre les troupes qui y sont stationnées, est fixé par le Ministère de la Guerre, d'après les ressources constatées au classement pour chaque catégorie.

Ce contingent est réparti, dans la région, par l'autorité militaire, de manière à égaliser les charges provenant des réquisitions prévues pour les besoins successifs de l'armée. Toutefois cette répartition n'est notifiée qu'en cas de mobilisation.

L'insuffisance des ressources dans un corps d'armée sera compensée, sur l'ordre du Ministre de la Guerre par l'excédant d'un autre corps d'armée.

Les mêmes dispositions sont applicables aux voitures attelées.

ART. 92. — L'ordre de rassemblement des voitures attelées et des chevaux, juments, mules et mulets, en cas de mobilisation, est porté à la connaissance des communes et des propriétaires par voie d'affiches indiquant la date, l'heure et le lieu de la réunion.

Les maires prennent toutes les mesures qui sont en leur pouvoir pour que tous les propriétaires soient avertis et obéissent en temps utile aux prescriptions de l'autorité militaire.

ART. 45. — Dès la réception de l'ordre de mobilisation, le Maire est tenu de prévenir les propriétaires que : 1° tous les animaux classés, présents dans la commune ; 2° tous ceux qui y ont été introduits depuis le dernier classement, et qui ne sont pas compris dans les cas d'exemption prévus par l'art. 40 ; 3° tous ceux qui ont atteint l'âge légal depuis le dernier classement ; 4° tous ceux enfin qui, pour un motif quelconque, n'auraient pas été déclarés au recensement, ni présentés au dernier classement, bien qu'ils eussent l'âge légal, doivent être conduits, aux jour et heure fixés pour chaque canton, au point indiqué par l'autorité militaire.

Le Maire prévient également les propriétaires des voitures, d'après les numéros de tirages portés sur le dernier état de classement, suivant la demande de l'autorité militaire, d'avoir à les conduire tout attelées, au même point de rassemblement.

Les animaux doivent avoir leur ferrure en bon état, un bridon et un licol pourvu d'une longe.

Art. 93. — Doivent être conduits aux lieux indiqués pour la réquisition des chevaux :

1º Tous les animaux portés sur le tableau de classement des communes appelées ;

2º Les animaux qui, pour un motif quelconque, ne figurent pas sur le tableau de classement, bien qu'ils aient l'âge légal, à l'exception de ceux qui se trouvent encore dans les cas d'exemption prévus par l'article 40 de la loi sur les réquisitions, de ceux qui ont été réformés, ou de ceux qui ont été refusés conditionnellement pour défaut de taille, si les conditions de taille ne sont pas modifiées au moment de la mobilisation ;

3º Les animaux recensés ou classés dans d'autres communes, et qui se trouvent dans la circonscription au moment de la mobilisation ;

4º Les voitures attelées ;

Doivent également se rendre aux lieux de rassemblement tous les propriétaires qui ont à faire constater des mutations ou à présenter des excuses. Ils doivent, à moins d'impossibilité absolue, faire conduire les animaux pour lesquels ils ont des réclamations à faire.

ART. 94. — Les commissions de réquisition reçoivent de l'autorité militaire tous les documents qui leur sont nécessaires, et notamment les tableaux de classement des animaux et les procès-verbaux de tirage des voitures attelées, adressés après le dernier classement aux bureaux de recrutement.

Les maires ou leurs suppléants se rendent à la convocation et remettent à la commission de réquisition les tableaux de classement laissés entre leurs mains.

Ils assistent aux opérations de la commission et lui fournissent tous les renseignements de nature à l'éclairer.

ART. 46. — Des Commissions mixtes, désignées par l'autorité militaire, procèdent, audit point, à la réception par canton, des animaux amenés, et opèrent le classement non encore fait de ceux qui se trouvent compris dans les cas spéciaux indiqués à l'article précédent.

Si le nombre des animaux présentés à la Commission est supérieur au chiffre à requérir dans la catégorie, il est procédé à un tirage au sort pour déterminer l'ordre dans lequel ils seront appelés.

ART. 95. — Les commissions de réquisition ajoutent aux tableaux de classement les animaux désignés aux paragraphes 3 et 4 de l'article 93 du présent décret, et reconnus propres au service de l'armée ; elles en rayent : 1° les animaux morts ou disparus ; 2° ceux qui, depuis le dernier classement, se trouvent dans un des cas d'exemption prévus par l'article 40 de la loi des réquisitions ; 3° ceux qui, après nouvel examen, sont reconnus impropres au service de l'armée.

Les tableaux des voitures attelées sont également l'objet d'une révision.

Art. 96. — Les commissions de réquisition statuent définitivement sur toutes les réclamations ou excuses qui peuvent être présentées par des propriétaires de chevaux, juments, mulets, mules ou voitures attelées.

Lorsque des animaux classés dans une commune d'une autre circonscription de réquisition sont présentés à une commission mixte, en exécution de l'article 93 ci-dessus, cette dernière commission informe immédiatement de sa décision la commission du lieu de l'inscription primitive.

Art. 47. — Le propriétaire d'un animal compris dans le contingent a le droit de présenter à la commission de remonte, et de faire inscrire à sa place un autre animal non compris dans le contingent, mais appartenant à la même catégorie et à la même classe dans la catégorie.

Art. 97. — Les rectifications terminées, les commissions de réquisition réunissent par canton les voitures attelées et les chevaux et mulets de chaque catégorie ; elles procèdent d'abord à la réquisition des voitures attelées, en faisant, s'il y a lieu, un tirage au sort entre les communes et en suivant dans chaque commune l'ordre du tirage au sort effectué lors du dernier classement.

Les voitures non requises sont immédiatement dételées et les chevaux, juments, mulets ou mules qui les attelaient sont replacés dans la catégorie d'animaux à laquelle ils ap-

9

partiennent, à moins qu'ils n'aient été reconnus impropres au service de l'armée.

Art. 98. — Après la réquisition des voitures attelées, les commissions de réquisition procèdent à la réquisition des animaux des différentes catégories, jusqu'à concurrence du chiffre du contingent cantonal fixé par l'autorité militaire.

Lorsque le nombre des animaux à requérir dans une catégorie est inférieur au nombre d'animaux classés sur tout le canton, il est procédé à un tirage au sort en présence des maires ou de leurs suppléants.

Art. 99. — Il est remis à chaque propriétaire ou à son représentant, contre la livraison de l'animal requis, un bulletin individuel indiquant le nom du propriétaire, le numéro de classement de l'animal et le prix à payer suivant la catégorie.

Art. 48. — Après avoir statué sur tous les cas de réforme, de remplacement ou d'ajournement demandé pour cause de maladie, la Commission de réception, en présence des maires ou de leurs suppléants légaux, prononce la réquisition des animaux nécessaires pour la mobilisation.

Elle procède également à la réception des voitures attelées.

Elle fixe le prix des voitures et des harnais d'après les prix courants du pays.

Les animaux qui attellent les voitures admises, entrent en déduction du contingent requis en vertu du présent article et sont payés conformément à l'art. 49 ci-après.

ART. 100. — Les commissions de réquisition dressent :

1° Pour les voitures attelées qui sont requises, un procès-verbal mentionnant les noms des propriétaires et leur domicile, et l'estimation des voitures et harnais d'après les prix courants du pays, conformément aux dispositions de l'article 48 de la loi du 3 juillet 1877 ;

2° Pour les animaux requis, un procès-verbal mentionnant les noms des propriétaires, leur domicile et le prix attribué aux animaux, selon la catégorie à laquelle ils appartiennent.

Avant de se séparer, les commissions de réquisition établissent, par commune, un extrait de ces deux procès-verbaux, qui est adressé, avec la signature du président de la commission, au maire de la commune intéressée.

Les voitures attelées requises sont indiquées sur les procès-verbaux de tirage, et les animaux requis sont également indiqués sur les tableaux de classement, avant que ces pièces soient restituées aux bureaux de recrutement et aux mairies.

Les chevaux et mulets composant les attelages des voitures requises sont portés individuellement sur le procès-verbal de réquisition des chevaux et mulets, et défalqués du contingent à fournir.

ART. 101. — Les commissions de réquisition statuent ensuite sur les substitutions qui leur sont proposées, dans les conditions prévues à l'article 47 de la loi sur les réquisitions.

ART. 102. — Après les opérations de réquisition, le maire dresse en double expédition un état de payement pour les animaux requis. Cet état, conforme au modèle C, comprend tous les renseignements contenus au procès-verbal de réquisition, et réserve une colonne pour l'émargement des intéressés.

Les deux expéditions, ainsi que le procès-verbal de réquisition, sont adressés à l'intendance militaire, qui en donne récépissé aux communes.

Il est dressé deux états semblables, conformes au modèle D, pour les voitures attelées requises.

Art. 103. — Les intéressés sont payés par le receveur municipal contre la remise des bulletins mentionnés à l'article 99 du présent décret.

A cet effet, des mandats des sommes dues pour chaque commune sont dressés, dans un délai qui ne peut dépasser dix jours, par le fonctionnaire de l'intendance, au nom des receveurs municipaux.

Ces mandats leur sont envoyés par l'intermédiaire des trésoriers-payeurs généraux, avec un des états nominatifs d'émargement visé par l'intendance, ils sont payés immédiatement.

Art. 104. — Aussitôt après avoir perçu le montant du mandat, le receveur municipal fait le payement aux divers intéressés, sur simple émargement de ces derniers.

Art. 49. — Les prix des animaux requis sont déterminés à l'avance et fixés d'une manière absolue, pour chaque catégorie, aux chiffres portés au budget de l'année, augmentés du quart, pour les chevaux de selle et pour les chevaux d'attelage d'artillerie.

Toutefois, cette augmentation n'est pas applicable aux chevaux entiers.

Art. 50. — Les propriétaires des animaux, voitures ou harnais requis reçoivent sans délai des mandats en représentant le prix et payables à la caisse du receveur des finances le plus à proximité.

Art. 51. — Les propriétaires qui, aux termes de l'art. 45, n'auront pas conduit leurs animaux classés ou susceptibles de l'être, leurs voitures attelées désignées par l'autorité militaire, au lieu indiqué pour la réquisition, sans motifs légitimes, admis par la Commission de réception, sont déférés aux tribunaux et, en cas de condamnation, frappés d'une amende égale à la moitié du prix d'achat fixé pour la catégorie à laquelle appartiennent les animaux, ou à la moitié du prix moyen d'acquisition des voitures ou harnais dans la région.

Néanmoins, la saisie et la réquisition pourront être exécutées immédiatement, et sans attendre le jugement, à la diligence du président de la commission de réception ou de l'autorité militaire.

Art. 52. — Les maires ou les propriétaires de chevaux, juments, mulets ou mules, de voitures ou de harnais, qui ne se conforment pas aux dispositions du titre VIII de la présente loi, sont passibles d'une amende de vingt-cinq à mille francs (25 à 1,000 francs). Ceux qui auront fait sciemment de fausses déclarations seront frappés d'une amende de cinquante à deux mille francs (50 à 2,000 francs).

Art. 53. — Lorsque l'armée sera replacée sur le pied de paix, les anciens propriétaires des animaux requis pourront les réclamer, sauf restitution du prix intégral du payement et sous réserve de les rechercher eux-mêmes dans les rangs de l'armée, et d'aller les prendre à leurs frais, au lieu de garnison des corps ou de l'officier détenteur.

TITRE IX

Dispositions spéciales aux grandes manœuvres.

ART. 54. — Les indemnités qui peuvent être allouées en cas de dommages causés aux propriétés privées par le passage ou le stationnement des troupes, dans les marches, manœuvres et opérations d'ensemble, prévues à l'art. 28 de la loi du 24 juillet 1873, doivent, à peine de déchéance, être réclamées par les ayants droit, à la mairie de la commune, dans les trois jours qui suivront le passage ou le départ des troupes.

Une Commission, attachée à chaque corps d'armée ou fraction de corps d'armée opérant isolément, procède à l'évaluation des dommages. Si cette évaluation est acceptée, le montant de la somme fixée est payé sur-le-champ.

En cas de désaccord, la contestation sera introduite et jugée comme il a été dit à l'art. 26.

Un règlement d'administration publique déterminera la composition et le mode de fonctionnement de la Commission.

Art. 105. — L'époque où peuvent avoir lieu les grandes manœuvres des corps d'armée ou fractions de corps d'armée est déterminée chaque année par le ministre de la guerre.

Art. 106. — Trois semaines au moins avant l'exécution des manœuvres, les généraux commandant les régions avertissent les préfets des départements intéressés de l'époque et de la durée des manœuvres et leur font connaître les localités qui pourront être occupées ou traversées.

Les préfets désignent un membre civil pour faire partie de la commission chargée de régler les indemnités.

Art. 107. — Le maire de la commune dont le territoire peut être occupé ou traversé pendant les grandes manœuvres en est informé par le préfet.

Il fait immédiatement publier et afficher dans sa commune l'époque et la durée des manœuvres.

Il invite les propriétaires de vignes ou de terrains ensemencés ou non récoltés à les indiquer par un signe apparent.

Il prévient les habitants que ceux qui subiraient des dommages par suite des manœuvres doivent, sous peine de déchéance, déposer leurs réclamations à la mairie dans les trois jours qui suivent le passage ou le départ des troupes.

Art. 108. — Quinze jours au moins avant le commencement des manœuvres, les généraux commandant les régions nomment les commissions de règlement des indemnités.

Ces commissions sont composées, par chaque corps d'armée opérant isolément, d'un fonctionnaire de l'intendance, président, d'un officier du génie, d'un officier de gendarmerie et du membre civil désigné par le préfet.

Art. 109. — La commission peut reconnaître à l'avance les terrains qui doivent être occupés, elle accompagne les troupes et suit leurs opérations.

Au fur et à mesure de l'exécution des manœuvres, elle se rend successivement dans les localités qui ont été traversées ou occupées, en prévenant à l'avance les maires du moment de son passage.

Les maires préviennent les intéressés et remettent à la commission un état individuel mentionnant la date de la réclamation, la nature du dommage et la somme réclamée.

ART. 110. — La commission, après avoir entendu les observations des maires et des réclamants, fixe le chiffre des indemnités à allouer et en dresse l'état.

Si les intéressés présents acceptent cette fixation, ils reçoivent immédiatement le montant de l'indemnité sur leur émargement.

A cet effet, la commission est accompagnée d'un adjoint du génie ou d'un officier comptable d'un des services administratifs, muni d'une avance de fonds.

ART. 111. — Si l'allocation n'est pas acceptée séance tenante, la commission insère dans son procès-verbal les renseignements nécessaires pour apprécier la nature et l'étendue du dommage.

Un extrait du procès-verbal est, en cas de contestation, remis au juge de paix ou au tribunal chargé de statuer sur les réclamations.

ART. 112. — L'état des indemnités qui n'ont pas été acceptées séance tenante est remis au maire de la commune qui, par une notification administrative, met immédiatement les propriétaires en demeure de les accepter ou de les refuser dans un délai de quinze jours.

Les refus, déposés par écrit et motivés, sont annexés au procès-verbal.

ART. 113. — A l'expiration du délai de quinze jours, le maire consigne sur l'état qui lui a été remis par la commission les réponses qu'il a reçues et les transmet ensuite au fonctionnaire de l'intendance militaire, président de la commission, qui assure le payement des indemnités qui n'ont pas été refusées.

Dispositions générales.

ART. 55. — Tous les avertissements et autres actes qu'il sera nécessaire de signifier à l'autorité militaire, pour l'exécution de la présente loi, le seront à la mairie du chef-lieu de canton.

ART. 56. — Sont abrogées toutes les dispositions antérieures relatives aux réquisitions militaires, et notamment :

Le titre V de la loi du 10 juillet 1791, et les lois des 26 avril, 23 mai, 2 septembre et 13 décembre 1792, 19 brumaire an III, 28 juin 1815 ; les décrets des 11, 22 et 28 novembre 1870, et la loi du 1er août 1874.

Délibéré en séance publique, à Versailles, le seize juin mil huit cent soixante-dix-sept.

Le président,

Signé : Duc d'Audiffret-Pasquier.

Les secrétaires,

Signé : L. Lacave-Laplagne.

A. de Colombet.

ART. 114. — Les règlements antérieurs sont abrogés en ce qu'ils ont de contraire au présent décret.

ART. 115. — Les ministres de la guerre, de la marine et

des colonies sont chargés, chacun en ce qui le concerne, de l'exécution du présent décret, qui sera publié au *Bulletin des lois.*

Fait à Paris, le 2 août 1877.

Maréchal DE MAC-MAHON, duc DE MAGENTA.

Par le Président de la République :
Le ministre de la guerre,
Général A. BERTHAUT.

Le vice-amiral, ministre de la marine
et des colonies,
GICQUEL DES TOUCHES.

Proposition de loi

Ayant pour but de dispenser du timbre et de l'enregistrement les actes faits en exécution de la loi sur les réquisitions militaires.

ARTICLE UNIQUE. — Les procès-verbaux, certificats, significations, jugements, contrats, quittances et autres actes faits en vertu de la loi du 3 juillet 1877, sur les réquisitions militaires, et exclusivement relatifs au règlement de l'indemnité, seront dispensés de timbre et enregistrés *gratis*, lorsqu'il y aura lieu à la formalité de l'enregistrement.

(*Adoptée par le Sénat le 7 mars 1878, votée par la Chambre des députés le 9 novembre 1878.*)

FIN

TABLE DES MATIÈRES

TITRE Ier

CONDITIONS GÉNÉRALES DANS LESQUELLES S'EXERCE LE DROIT DE RÉQUISITION.

TITRE II

DES PRESTATIONS A FOURNIR PAR VOIE DE RÉQUISITION.

TITRE III

DU LOGEMENT ET DU CANTONNEMENT.

TITRE IV

DE L'EXÉCUTION DES RÉQUISITIONS.

TITRE V

DU RÈGLEMENT DES INDEMNITÉS.

Commission centrale, sa composition, ses attributions. — Commissions départementales, leur fonctionnement.— Procédure relative au règlement des indemnités. — Établissement, par le maire, des états par services administratifs. — Transmission des états et des pièces annexées. — Visa de la commission. — Notification aux habitants. — Mode de paiement.— En cas de contestations, renvoi devant les tribunaux

TITRE IX

DISPOSITIONS SPÉCIALES AUX GRANDES MANŒUVRES.

LÉGISLATION.

FORMULES

—

PREMIER TABLEAU.

Modèle A. — État nominatif pour le règlement des prestations fournies à titre définitif.

Explications des diverses natures de services administratifs.

DEUXIÈME TABLEAU.

Modèle A *bis*. — État nominatif pour le règlement des prestations fournies à titre temporaire.

Modèle B. — État des sommes dues pour paiement des prestations fournies, soit à titre définitif, soit à titre temporaire.

TROISIÈME TABLEAU.

Modèle C. — État particulier au service de la remonte pour le paiement des chevaux, juments, mulets et mules livrés à la commission de réquisition.

Modèle D. — État spécial au paiement des voitures ou harnais livrés à la commission de réquisition.

QUATRIÈME TABLEAU.

Modèle E. — Bordereau énumératif des pièces justificatives annexées aux états nominatifs A ou A *bis*.

Modèle E *bis*. — Carnets de reçus pour prestations fournies par réquisitions.

Modèle F. — Extrait des tableaux récapitulatifs établis pour le logement.

Modèle G. — Extrait du tableau récapitulatif établi pour le cantonnement.

CINQUIÈME TABLEAU.

Modèle H. — État numérique des officiers, sous-officiers, soldats, chevaux et mulets logés ou cantonnés, fourni par le chef de corps en quittant la localité.

État nominatif des militaires et animaux qui ont éprouvé des mutations pendant la période où les locaux ont été occupés soit à titre de logement, soit à titre de cantonnement.

SIXIÈME TABLEAU.

GRANDES MANŒUVRES

Modèles spéciaux destinés à l'évaluation des dommages causés aux propriétés privées, par les manœuvres des corps d'armée.

Modèle des Carnets d'ordre de réquisition.

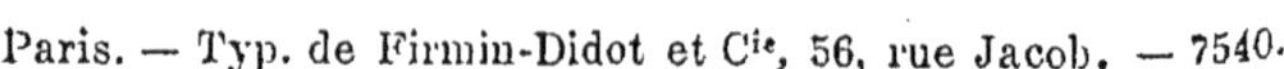

Paris. — Typ. de Firmin-Didot et Cie, 56, rue Jacob. — 7540.

APPLICATION DU MODÈLE A

Acquisition des objets requis. — Règl. art. 27 à 31.

L'état A est dressé en double expédition et par service séparé.

Les deux originaux sont envoyés à la commission d'évaluation par l'entremise du Préfet.

La commission reçoit un bordereau en double expédition des pièces justificatives et en renvoie un à titre de récépissé après visa.

La notification est faite par le sous-intendant sur les deux états.

Les réponses sont inscrites par le Maire sur les deux états, dont l'un revient à l'intendance, l'autre reste à la Mairie.

DÉPARTEMENT

d

COMMUNE

d

(A) Indiquer ici le service administratif duquel dépendent les prestations fournies. (Voir le nota au bas du tableau.)

MODÈLE A.

N° 204 de la Nomenclature.

SERVICE D (A)

RÉQUISITIONS MILITAIRES FAITES A TITRE DÉFINITIF.

ÉTAT NOMINATIF des habitants de la commune d

qui ont droit au payement de prestations fournies par suite de réquisitions.

LÉGENDE

Le présent modèle est employé pour les achats, denrées, matières et objets de toute nature que l'autorité militaire a requis à titre définitif et qu'elle a conservés. Il est fourni par l'autorité militaire.

(1) Le Maire ne doit remplir que la première partie de l'état (colonnes de 1 à 16).

(2) Indiquer la nature de la prestation fournie.

(3) Indiquer l'unité (100 kilogrammes, kilogramme, hectolitre, demi-journée de nourriture, etc., etc.) qui sert de base au décompte.

(4) Indiquer, en toutes lettres, les totaux de chacune des prestations fournies (col. 3, 5, 7, 9, 11, 13).

(5) Indiquer, en toutes lettres, le total des sommes réclamées (col. 16).

(6) Le Maire inscrira dans cette colonne, suivant le cas, l'une des trois mentions suivantes : accepte, refuse, n'a pas répondu.

(7) Indiquer le prix de l'unité. (Col. 4, 6, 8, 10, 12, 14, 17 à 22.)

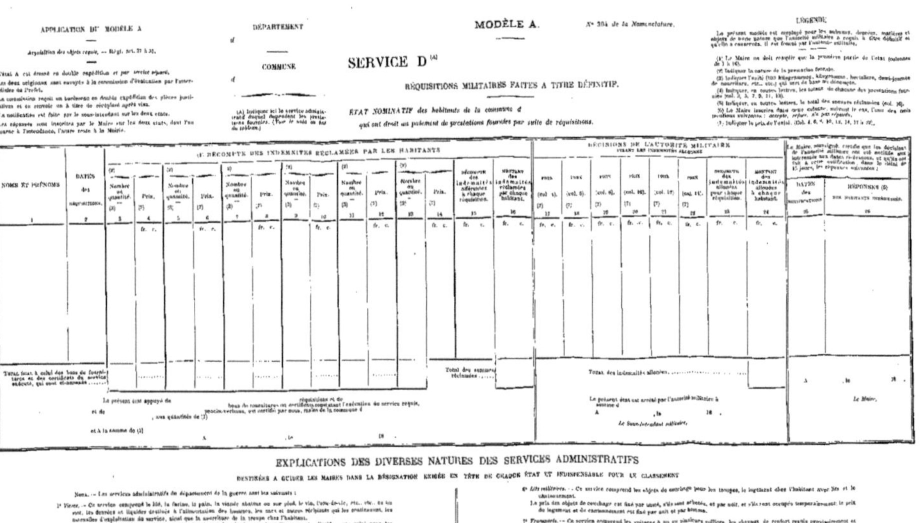

NOMS ET PRÉNOMS	DATES des réquisitions.	(2) DÉCOMPTE DES INDEMNITÉS RÉCLAMÉES PAR LES HABITANTS														DÉCISIONS DE L'AUTORITÉ MILITAIRE (fixant les indemnités allouées)									Le Maire, soussigné, certifie que les décisions de l'autorité militaire ont été notifiées aux intéressés aux dates ci-dessous, et qu'ils ont fait à cette notification, dans le délai de 15 jours, les réponses suivantes :	
		Nombre ou quantité. (3)	Prix. (7)	Nombre ou quantité. (3)	Prix. (7)	Nombre ou quantité. (3)	Prix. (7)	Nombre ou quantité. (3)	Prix. (7)	Nombre ou quantité. (3)	Prix. (7)	Nombre ou quantité. (3)	Prix. (7)	DÉCOMPTE des indemnités afférentes à chaque réquisition.	MONTANT des indemnités réclamées par chaque habitant.	PRIX (col. 4). (7)	PRIX (col. 6). (7)	PRIX (col. 8). (7)	PRIX (col. 10). (7)	PRIX (col. 12). (7)	PRIX (col. 14). (7)	DÉCOMPTE des indemnités allouées pour chaque réquisition.	MONTANT des indemnités allouées à chaque habitant.	DATES des notifications.	RÉPONSES (6) DES HABITANTS INTÉRESSÉS.
1	2	3	4	5	6	7	8	9	10	11	12	13	14	15	16	17	18	19	20	21	22	23	24	25	26
		fr. c.		fr. c.		fr. c.		fr. c.		fr. c.		fr. c.		fr. c.	fr. c.	fr. c.	fr. c.	fr. c.	fr. c.	fr. c.	fr. c.	fr. c.	fr. c.		
TOTAL égaux à celui des bons de fourniture et des certificats du service exécuté, qui sont ci-annexés														Total des sommes réclamées								Total des indemnités allouées			

Le présent état appuyé de bons de fournitures ou certificats constatant l'exécution du service requis, réquisitions et de procès-verbaux, est certifié par nous, maire de la commune d , aux quantités de (3)

et à la somme de (5)

A , le 18 .

Le présent état est arrêté par l'autorité militaire à A , le 18 .

Le Sous-Intendant militaire,

A , le 18 .

Le Maire,

EXPLICATIONS DES DIVERSES NATURES DES SERVICES ADMINISTRATIFS

DESTINÉES A GUIDER LES MAIRES DANS LA DÉSIGNATION EXIGÉE EN TÊTE DE CHAQUE ÉTAT ET INDISPENSABLE POUR LE CLASSEMENT

NOTA. — Les services administratifs du département de la guerre sont les suivants :

1° *Vivres.* — Ce service comprend le blé, la farine, le pain, la viande abattue ou sur pied, le vin, l'eau-de-vie, etc., etc., en un mot, les denrées et liquides destinés à l'alimentation des hommes, les sacs et autres récipients qui les contiennent, les ustensiles d'exploitation du service, ainsi que la nourriture de la troupe chez l'habitant.
Le prix est fixé par cent kilogrammes pour les denrées et la viande, par hectolitre pour les liquides, par unité pour les récipients et objets mobiliers, par demi-journée correspondant à un repas, pour la nourriture chez l'habitant.

2° *Chauffage et éclairage.* — Ce service comprend le bois, le charbon de terre, les fagots, l'huile, la chandelle et les ustensiles d'éclairage.
Le prix est fixé par cent kilogrammes pour toutes les matières combustibles, et par unité pour les appareils d'éclairage.

3° *Fourrages.* — Ce service comprend le foin, la paille, l'avoine et autres denrées destinées à l'alimentation des chevaux et des bestiaux, ainsi que les objets mobiliers nécessaires à l'exploitation du service.
Le prix est fixé par cent kilogrammes pour les denrées, et par unité pour les objets mobiliers.

4° *Hôpitaux.* — Ce service comprend la fourniture des médicaments et objets de pansement, le traitement des malades et blessés, les visites de médecin.
Le prix est fixé, suivant la nature des médicaments et objets de pansements, par kilogramme, par mètre ou par unité ; par journée, pour le traitement des malades ; par unité, pour les visites de médecin.

5° *Habillement et campement.* — Ces services comprennent les étoffes, effets et objets nécessaires pour l'habillement et le campement des troupes.
Le prix est fixé, suivant la nature des fournitures faites, par mètre ou par unité.

6° *Lits militaires.* — Ce service comprend les objets de couchage pour les troupes, le logement chez l'habitant avec lits et le casernement.
Le prix des objets de couchage est fixé par unité, s'ils sont achetés, et par nuit, et s'ils sont occupés temporairement ; le prix du logement et du casernement est fixé par nuit et par homme.

7° *Transports.* — Ce service comprend les voitures à un ou plusieurs colliers, les chevaux de renfort requis provisoirement et les embarcations.
Le prix est fixé par unité, s'il s'agit d'une prise de possession définitive. Quand il s'agit d'un usage temporaire, le prix est fixé par journée.

8° *Remonte générale.* — Ce service comprend l'achat des chevaux et mulets.
Le prix est fixé par unité.

9° *Harnachement.* — Ce service comprend les harnais et objets de sellerie pour les chevaux de l'armée, ainsi que la ferrure.
Le prix est fixé par unité.

10° *Artillerie.* — Ce service comprend les matières et objets requis pour le service spécial de cette arme.
Le prix est fixé par kilogramme ou par unité, suivant la nature du matériel requis.

11° *Génie.* — Ce service comprend les outils et matériaux requis pour les travaux à effectuer dans l'intérêt de l'armée et le salaire des ouvriers requis.
Le prix des outils est fixé par unité, s'il s'agit d'une prise de possession définitive, et par journée, s'il s'agit d'un usage temporaire ; le prix des matériaux est fixé au poids ou au mètre cube, suivant leur nature ; le prix des journées de travail est fixé par unité.

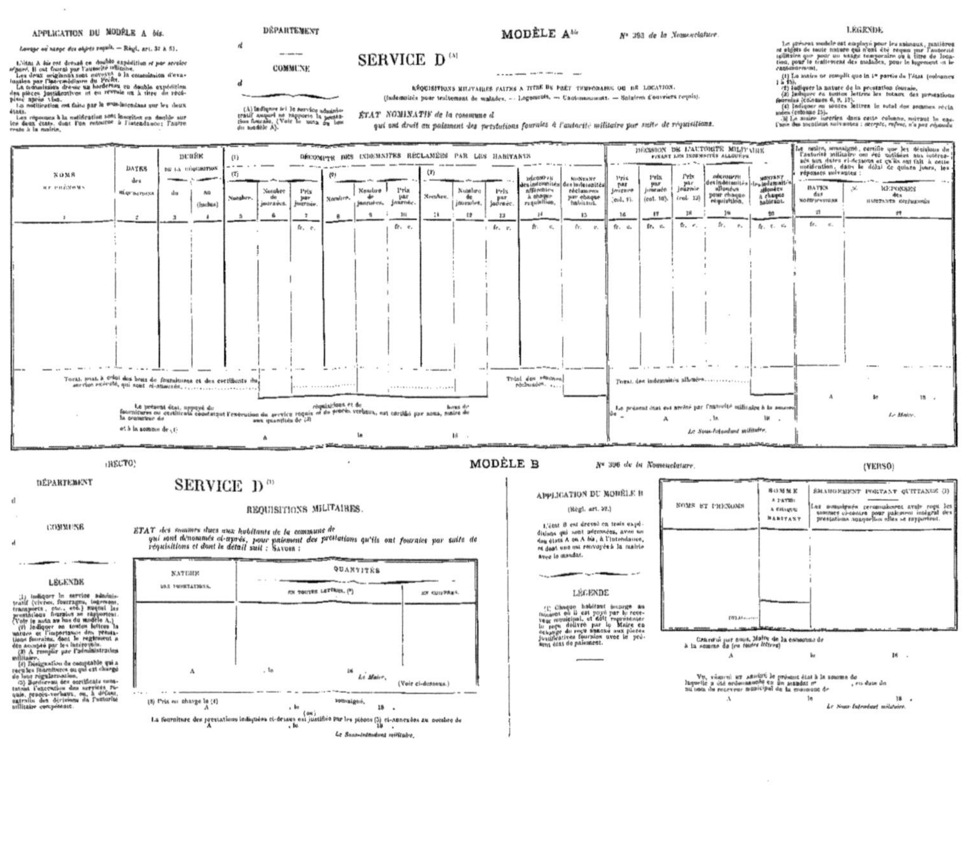

APPLICATION DU MODÈLE A bis.

DÉPARTEMENT d

COMMUNE d

MODÈLE A bis — N° 393 de la Nomenclature.

SERVICE D (A)

RÉQUISITIONS MILITAIRES FAITES A TITRE DE PRÊT TEMPORAIRE OU DE LOCATION.
(Indemnités pour traitement de malades. — Logements. — Cantonnements. — Salaires d'ouvriers requis.)

ÉTAT NOMINATIF de la commune d
qui ont droit au paiement des prestations fournies à l'autorité militaire par suite de réquisitions.

LÉGENDE.

NOMS et prénoms	DATES des réquisitions	DURÉE DE LA RÉQUISITION		(1)	DÉCOMPTE DES INDEMNITÉS RÉCLAMÉES PAR LES HABITANTS										DÉCISION DE L'AUTORITÉ MILITAIRE fixant les indemnités allouées						
		du	au (inclus)	Nombre.	Nombre de journées.	Prix par journée.	Nombre.	Nombre de journées.	Prix par journée.	Nombre.	Nombre de journées.	Prix par journée.	décompte des indemnités afférentes à chaque réquisition.	montant des indemnités réclamées par chaque habitant.	Prix par journée (col. 7).	Prix par journée (col. 10).	Prix par journée (col. 13).	décompte des indemnités allouées pour chaque réquisition.	montant des indemnités allouées à chaque habitant.	DATES des notifications	RÉPONSES des habitants intéressés
1	2	3	4	5	6	7	8	9	10	11	12	13	14	15	16	17	18	19	20	21	22

(RECTO)

DÉPARTEMENT d

COMMUNE d

SERVICE D (1)

REQUISITIONS MILITAIRES.

ÉTAT des sommes dues aux habitants de la commune de
qui sont dénommés ci-après, pour paiement des prestations qu'ils ont fournies par suite de réquisitions et dont le détail suit : SAVOIR :

LÉGENDE

NATURE des prestations.	QUANTITÉS	
	EN TOUTES LETTRES. (2)	EN CHIFFRES.

MODÈLE B — N° 396 de la Nomenclature.

APPLICATION DU MODÈLE B
(Régl. art. 22.)

LÉGENDE

NOMS ET PRÉNOMS	SOMME à payer à chaque habitant.	ÉMARGEMENT PORTANT QUITTANCE (3)

(VERSO)

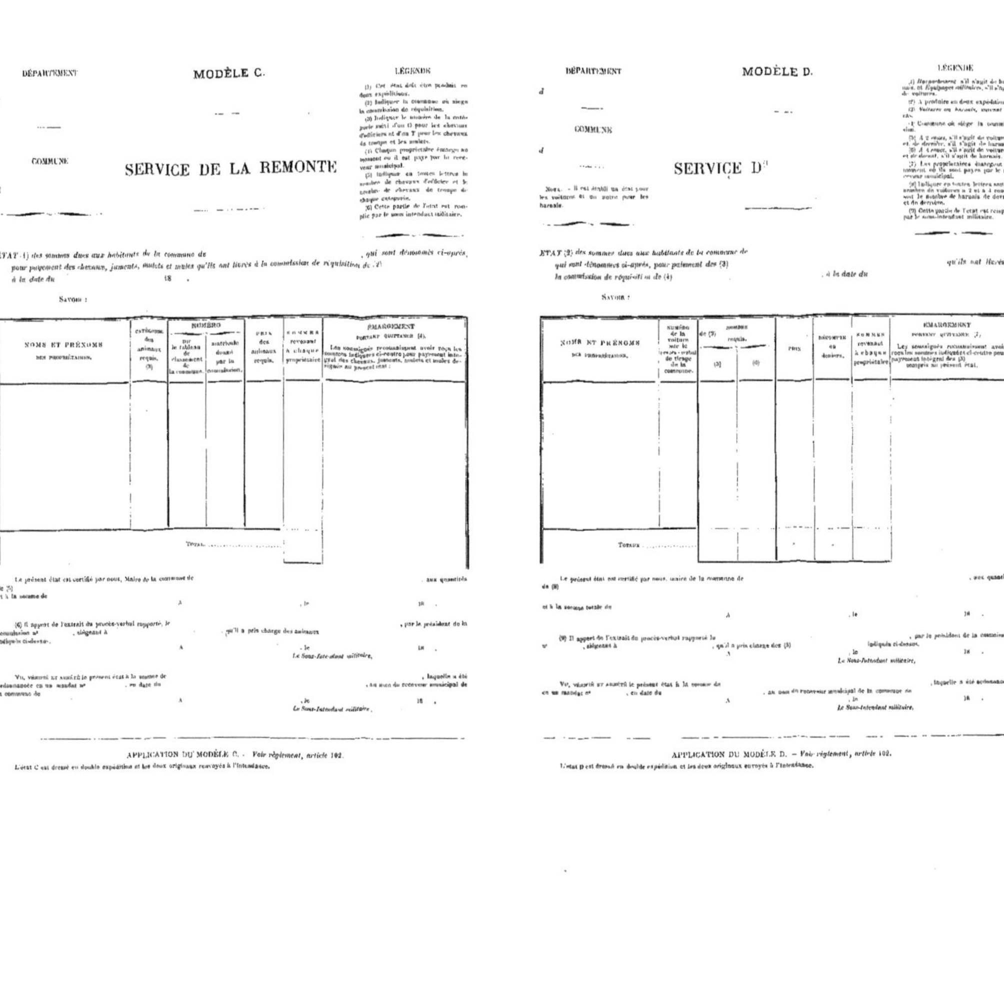

DÉPARTEMENT

MODÈLE C.

LÉGENDE

COMMUNE

SERVICE DE LA REMONTE

ÉTAT (1) des sommes dues aux habitants de la commune de , qui sont dénommés ci-après,
pour payement des chevaux, juments, mulets et mules qu'ils ont livrés à la commission de réquisition de (4)
à la date du 18 .

SAVOIR :

NOMS ET PRÉNOMS des propriétaires.	ESTIMATION des animaux requis. (3)	NUMÉRO		PRIX des animaux requis.	SOMME revenant à chaque propriétaire.	ÉMARGEMENT PORTANT QUITTANCE (4).
		sur le tableau de classement de la commune.	matricule donné par la commission.			Les soussignés reconnaissent avoir reçu les sommes indiquées ci-contre pour payement intégral des chevaux, juments, mulets et mules désignés au présent état :

TOTAL

Le présent état est certifié par nous, Maire de la commune de , aux quantités
de (5) et à la somme de

A , le 18 .

(6) Il appert de l'extrait du procès-verbal rapporté, le , par le président de la
commission n° , siégeant à , qu'il a pris charge des animaux
indiqués ci-dessus.

A , le 18 .
Le Sous-Intendant militaire,

Vu, vérifié et arrêté le présent état à la somme de , laquelle a été
redemandée en un mandat n° , en date du , au nom du receveur municipal de
la commune de

A , le 18 .
Le Sous-Intendant militaire.

APPLICATION DU MODÈLE C. — Voir règlement, article 102.

L'état C est dressé en double expédition et les deux originaux renvoyés à l'Intendance.

DÉPARTEMENT

MODÈLE D.

LÉGENDE

COMMUNE

SERVICE D

NOTA. — Il est établi un état pour les voitures et un autre pour les harnais.

ÉTAT (2) des sommes dues aux habitants de la commune de
qui sont dénommés ci-après, pour payement des (3) qu'ils ont livrés à
la commission de réquisition de (4) , à la date du

SAVOIR :

NOMS ET PRÉNOMS des propriétaires.	NUMÉRO de la voiture sur le tableau de tirage de la commune.	de (5)	nombre requis.		PRIX	DÉCOMPTE en deniers.	SOMMES revenant à chaque propriétaire.	ÉMARGEMENT PORTANT QUITTANCE (7).
			(3)	(6)				Les soussignés reconnaissent avoir reçu les sommes indiquées ci-contre pour payement intégral des (3) compris au présent état.

TOTAUX

Le présent état est certifié par nous, maire de la commune de , aux quantités
de (8) et à la somme totale de

A , le 18 .

(9) Il appert de l'extrait du procès-verbal rapporté le , par le président de la commission
n° , siégeant à , qu'il a pris charge des (3)
indiqués ci-dessus.

A , le 18 .
Le Sous-Intendant militaire,

Vu, vérifié et arrêté le présent état à la somme de , laquelle a été ordonnancée
en un mandat n° , au nom du receveur municipal de la commune de

A , le 18 .
Le Sous-Intendant militaire,

APPLICATION DU MODÈLE D. — Voir règlement, article 102.

L'état D est dressé en double expédition et les deux originaux envoyés à l'Intendance.

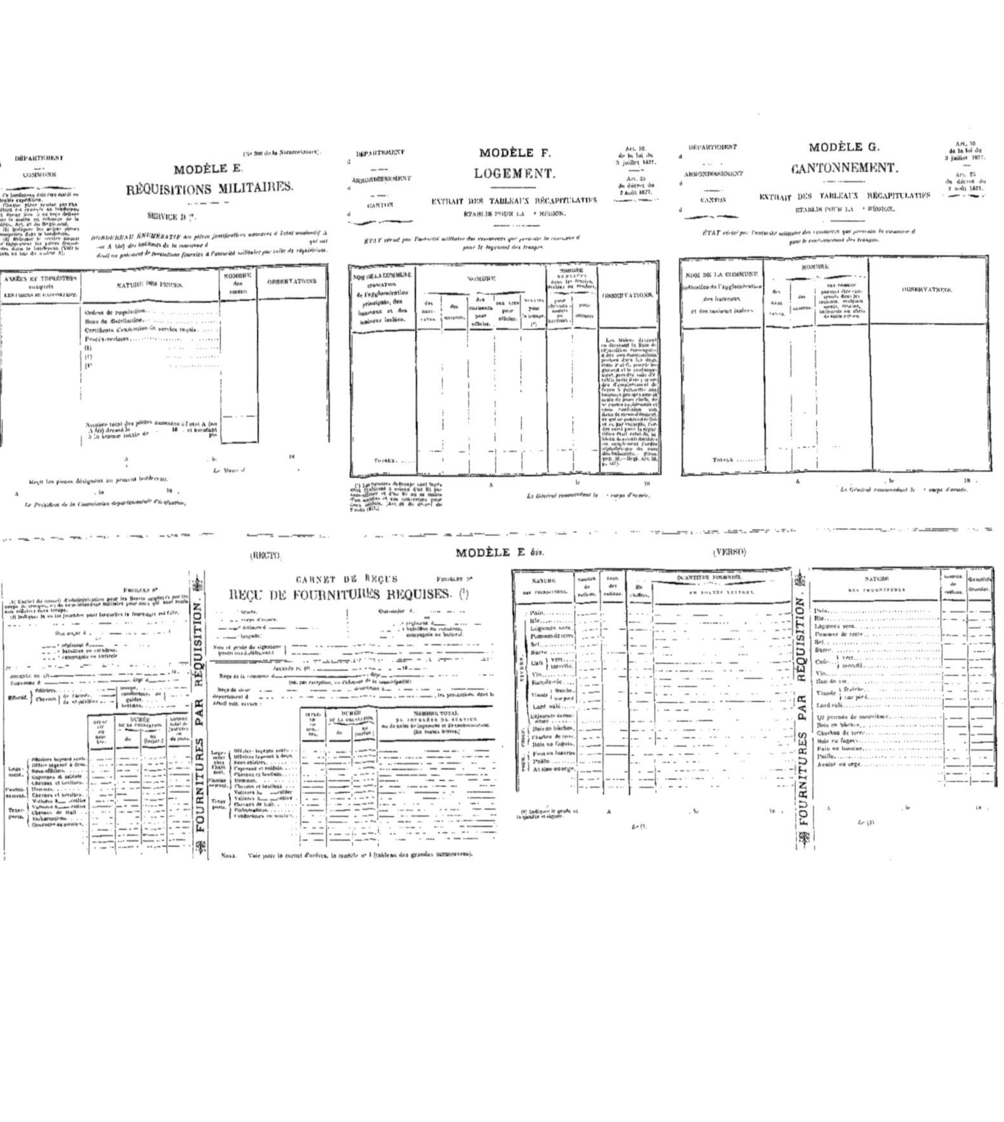
MODÈLE E.
RÉQUISITIONS MILITAIRES.
SERVICE D ...
MODÈLE F.
LOGEMENT.
EXTRAIT DES TABLEAUX RÉCAPITULATIFS
ÉTABLIS POUR LA ... RÉGION.
MODÈLE G.
CANTONNEMENT.
EXTRAIT DES TABLEAUX RÉCAPITULATIFS
ÉTABLIS POUR LA ... RÉGION.
(RECTO).
MODÈLE E bis.
(VERSO).
CARNET DE REÇUS
REÇU DE FOURNITURES REQUISES.
FOURNITURES PAR RÉQUISITION.

MODÈLE H. (RECTO)

TRIMESTRE 18 .

(¹) ⁎ RÉGIMENT D

(²) (BATAILLONS, ESCADRONS OU BATTERIES.)

ÉTAT NUMÉRIQUE des officiers, sous-officiers, soldats, chevaux et mulets qui ont été logés ou cantonnés dans la commune d
du   au   inclus (³).

Loi du 3 juillet 1877.

Article 30
du décret du 7 août 1877.

Instruction ministérielle
du 25 avril 1878.

Modèle n° 1.

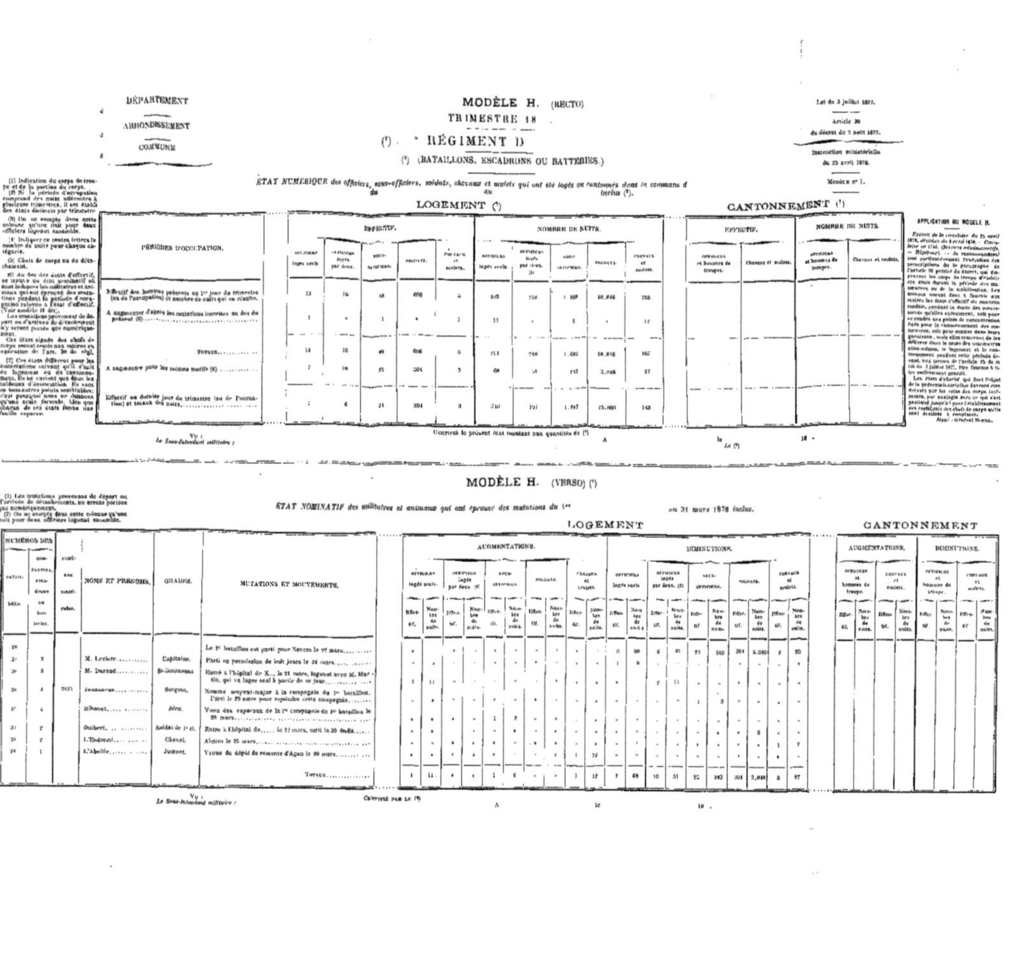

LOGEMENT (⁴)   —   CANTONNEMENT (⁷)

APPLICATION DU MODÈLE H.

MODÈLE H. (VERSO) (¹)

ÉTAT NOMINATIF des militaires et animaux qui ont éprouvé des mutations du ______ *au 31 mars 1878 inclus.*

LOGEMENT   —   CANTONNEMENT

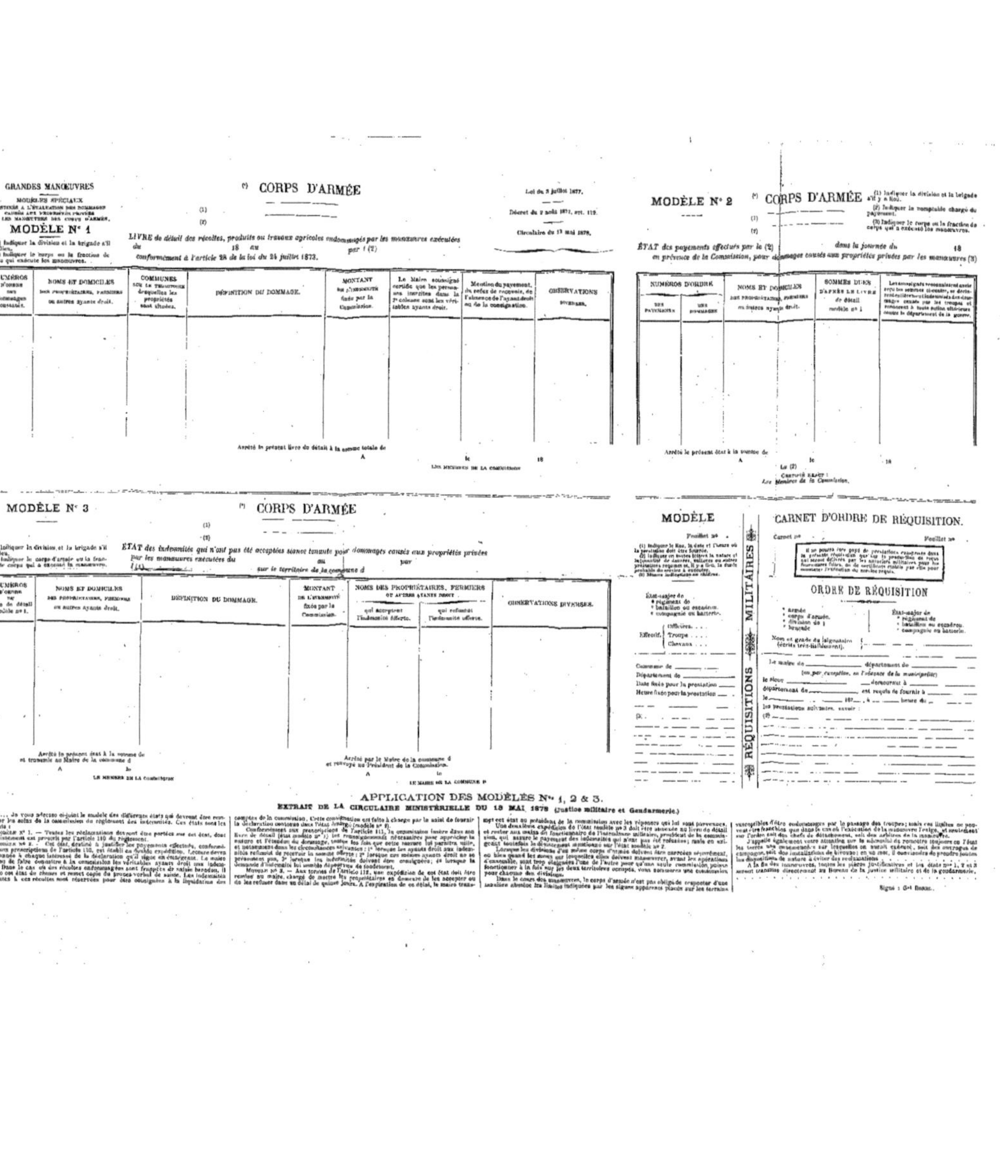

GRANDES MANŒUVRES

MODÈLES SPÉCIAUX
DESTINÉS A L'ÉVALUATION DES DOMMAGES
CAUSÉS AUX PROPRIÉTÉS PRIVÉES
PAR LES MANŒUVRES DES CORPS D'ARMÉE.

MODÈLE N° 1

(1) Indiquer la division et la brigade s'il y a lieu.
(2) Indiquer le corps ou la fraction de corps qui exécute les manœuvres.

(*) **CORPS D'ARMÉE**
(1)
(2)

Loi du 3 juillet 1877.
Décret du 2 août 1877, art. 112.
Circulaire du 13 mai 1878.

LIVRE de détail des récoltes, produits ou travaux agricoles endommagés par les manœuvres exécutées du 18 au par l (2) conformément à l'article 28 de la loi du 24 juillet 1873.

NUMÉROS d'ordre des dommages constatés.	NOMS ET DOMICILES des propriétaires, fermiers ou autres ayants droit.	COMMUNES sur le territoire desquelles les propriétés sont situées.	DÉFINITION DU DOMMAGE.	MONTANT de l'indemnité fixée par la Commission.	Le Maire soussigné certifie que les personnes inscrites dans la 2e colonne sont les véritables ayants droit.	Mention du payement, du refus de recevoir, de l'absence de l'ayant droit ou de la consignation.	OBSERVATIONS diverses.

Arrêté le présent livre de détail à la somme totale de
A le 18

LES MEMBRES DE LA COMMISSION.

MODÈLE N° 2

(1) Indiquer la division et la brigade s'il y a lieu.
(2) Indiquer le comptable chargé du payement.
(3) Indiquer le corps ou la fraction de corps qui a exécuté les manœuvres.

(*) **CORPS D'ARMÉE**
(1)
(2)

ÉTAT des payements effectués par le (2) dans la journée du 18 en présence de la Commission, pour dommages causés aux propriétés privées par les manœuvres (3)

NUMÉROS D'ORDRE des payements	des dommages	NOMS ET DOMICILES des propriétaires, fermiers ou autres ayants droit.	SOMMES DUES D'APRÈS LE LIVRE de détail modèle n° 1	Les soussignés reconnaissent avoir reçu les sommes ci-contre, se déclarent entièrement indemnisés des dommages causés par les troupes et renoncent à toute action ultérieure contre le département de la guerre.

Arrêté le présent état à la somme de
A le (2) le 18

Certifié exact :
Les Membres de la Commission.

MODÈLE N° 3

(1) Indiquer la division et la brigade s'il y a lieu.
(2) Indiquer le corps d'armée ou la fraction de corps qui a exécuté les manœuvres.

(*) **CORPS D'ARMÉE**
(1)
(2)

ÉTAT des indemnités qui n'ont pas été acceptées séance tenante pour dommages causés aux propriétés privées par les manœuvres exécutées du au par sur le territoire de la commune d

NUMÉROS d'ordre du livre de détail modèle n° 1.	NOMS ET DOMICILES des propriétaires, fermiers ou autres ayants droit.	DÉFINITION DU DOMMAGE.	MONTANT de l'indemnité fixée par la Commission.	NOMS DES PROPRIÉTAIRES, FERMIERS OU AUTRES AYANTS DROIT		OBSERVATIONS DIVERSES.
				qui acceptent l'indemnité offerte.	qui refusent l'indemnité offerte.	

Arrêté le présent état à la somme de
et transmis au Maire de la commune d
A le

LE MEMBRE DE LA COMMISSION.

Arrêté par le Maire de la commune d
et renvoyé au Président de la Commission.
Le 18

LE MAIRE DE LA COMMUNE D

MODÈLE

RÉQUISITIONS MILITAIRES

CARNET D'ORDRE DE RÉQUISITION.

Carnet n° Feuillet n°

Il ne pourra être payé de prestations exécutées dans la présente réquisition que sur la production des reçus qui seront délivrés par les autorités militaires pour les fournitures faites, ou de certificats établis par elles pour prestation d'autre nature requis.

ORDRE DE RÉQUISITION

État-major de
* régiment de
* bataillon ou escadron
* compagnie ou batterie.

Effectif. { Officiers. Troupe. Chevaux. }

Commune de
Département de
Date fixée pour la prestation
Heure fixée pour la prestation

APPLICATION DES MODÈLES N°s 1, 2 & 3.

EXTRAIT DE LA CIRCULAIRE MINISTÉRIELLE DU 13 MAI 1878 (Justice militaire et Gendarmerie.)

Signé : Gal BERGE.

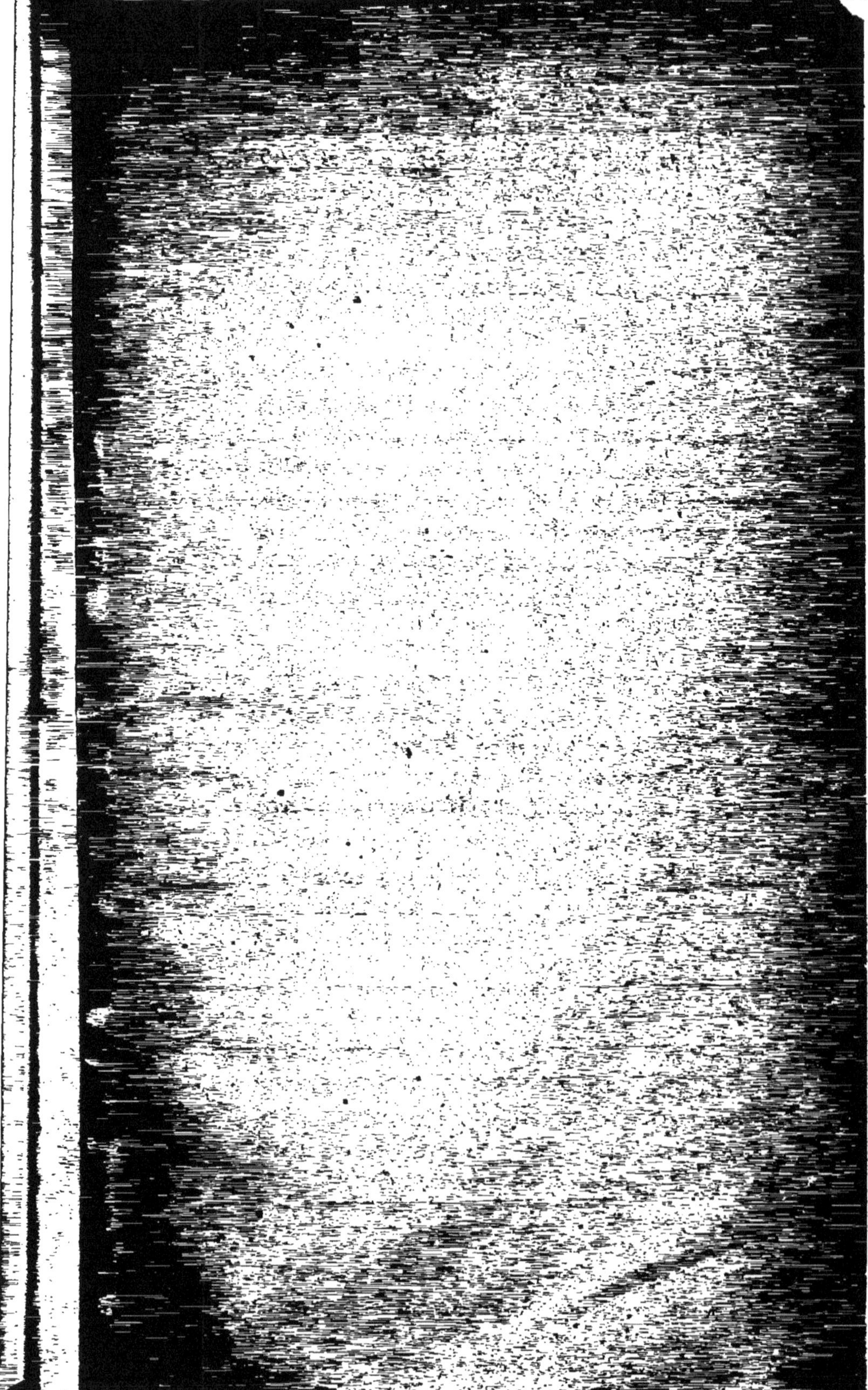

ON TROUVE A LA MÊME LIBRAIRIE

Manuel du soldat en campagne. *Infanterie.* Théorie dans les chambres. 1 vol. in-18. . . . . » fr. 50

Manuel de l'artilleur en campagne. Théorie dans les chambres. 1 vol. in-18. . . . . » fr. 50

Aide-mémoire du cavalier, pour servir à l'instruction théorique des jeunes officiers et des sous-officiers, par le général major de Mirus ; traduit par le commandant Le Maître. 2 vol. in-18.

    1re partie : Service en garnison et en route. 1 v. 2 fr.

    2e partie : Service en campagne. 1 vol. . . . . . 1 fr.

Études sur la nouvelle tactique de l'infanterie, par le major de Scherff ; traduit par le capitaine Couturier. 3 vol. in-18.

    1re et 2e partie : L'Offensive et la Défensive. L'École de paix. 1 vol. . . . . 1 fr. 50

    3e partie : L'infanterie opérant de concert avec les autres armes. 1 vol. . . . . 2 fr.

Guerre (la) de siège, à l'usage des écoles militaires en Autriche, par le capitaine Brunner ; traduit par le capitaine Piette. 1 vol. in-18, fig. . . . . 1 fr. 50

Règlement d'exercices pour la cavalerie prussienne, du 5 mai 1855. Nouvelle édition contenant les modifications approuvées par ordre du 9 janvier 1873 ; trad. par le capitaine Langlois. 1 vol. in-18, fig. . . . . 3 fr.

Paris. — Typ. Firmin-Didot et Cie, 56, rue Jacob. — 7549.

www.ingramcontent.com/pod-product-compliance
Ingram Content Group UK Ltd.
Pitfield, Milton Keynes, MK11 3LW, UK
UKHW021524090726
13657UKWH00001B/400